JN118140

移動から公共交通を問い直す

Rethinking Public Transportation from Movement.
The Corona Disaster made me aware of this.

コロナ禍が気づかせたこと

西村　茂 著

自治体研究社

まえがき

コロナ禍は、人の移動が2つの面を持つことを改めて気づかせてくれました。

移動の自由の大切さと、それがもたらす害です。

移動が制限されたことで、移動が生活を成り立たせていること、社会が人と物の移動に支えられていることを学びました。また他方で、移動は、長時間通勤、大気汚染・温暖化、過剰な観光などの害・損害をもたらしていることにも気づかされました。コロナ禍で通勤が減り、大気汚染が改善され、旅行が減少したからです。

私は交通の研究をしていたにもかかわらず、人が移動することの害には関心が薄かったことを痛感しました。これまで移動を促進することだけを考え、買い物や通院、高齢者の外出に関心が集中していました。通勤や通学という毎日の辛い移動や、交通が原因の自然破壊や資源浪費などに目が向いていませんでした。

移動の害に目を向けるとは、言い換えれば移動を減らすこと、移動しないことをプラスに評価することです。これからの移動の研究は、このような視点も持つべきです。移動の自由は大切ですが、移動は100％プラスではありません。コロナ禍は、このことを問いかけた歴史的な出来事だったのではないでしょうか？

今後、自治体の移動政策は、自然災害などの危機状況に備えなければなりません。そのためには、移動せずに住民のニーズが満たされる対策も必要です。

コロナ禍では、解決策も普及しました。

デジタル機器を通した働き方・学習・ケア・交流・余暇などが、生活に浸透しました。過剰な移動を減らす代替手段は、コロナ禍の経験がマイナスの面だけではなかったことを示しています。

移動が減っただけでなく、移動手段が変化しました。

コロナ禍は、移動そのものを問い直す機会になっただけでなく、その手段についても歴史的な教訓となりました。鉄道・バス・地下鉄などのような、密集して多人数を運ぶ集団的手段の利用が減少し、1人で利用できる個人的手段（自動車・電動自転車・キックボード・徒歩）の利用が増加しました。

鉄道・バスなどは一度に大量の人を輸送する交通手段です。その経営が成り立つために、人口密度が大きく影響します。人の密集と鉄道・バスのルートや本数は相関しているのです。

人口減少にコロナ禍が加わり、従来型の公共交通の未来は明るくありません。さらに現在、運転手不足、賃上げ、燃料費の高騰により、値上げ・減便が続いています。

コロナ禍の経験は、交通手段の地域格差にも目を向けさせました。

人々の関心が、人が密集する都市よりも、人口がまばらな地域に向けられたのです。地方都市や過疎地への移住が話題になりました。「密」よりも「疎」が好まれたのです。

しかし、「疎」は公共交通と両立しません。人口が低密度の地域では、パーソナルな移動手段が適しています。自動車は郊外や農村地域に適した手段であり、生活必需品になっています。ただし、温暖化対策からみれば、このような地域の自動車利用、とくに運転手1人での利用を抑制しなければなりません。

通勤や通学、とくに自動車で毎日行われる大量の通勤への対策が重要です。公共交通が充実し、徒歩や自転車での近距離移動が可能な大都市では、自動車からの転換は比較的容易です。問題は、自動車が不可欠の「疎」の地域での対策です。そこでは、バスや鉄道を維持するだけでは、すべての住民の移動をサポートできません。

自治体の交通政策は、公共交通から移動の政策に拡大する必要があります。

移動の問題は、買い物・通院・高齢者に限定できません。通勤・通学や余暇を含めた生活全般に目を向けることが重要です。また移動手段は、鉄道・バス・タクシーを守ることだけでは不充分です。生活の中のすべての移動、地域全体の移動のつながりの視点から、新たな移動サービスが求められています。

コロナ禍が提起した、移動の害、大量輸送の再考、公共交通の地域格差といった課題に取り組むためには、制度や財源の改革も課題です。そのためには、外国の事例も参考になります。

本書では、まずコロナ禍によって公共交通と移動手段に起きた変化、国土交通省の危機対応、社会とライフスタイルの変化、移動しない生活の意味、を検討します（第1部）。次いで、移動の格差が軽視され続けてきた現実について、法の理念や制度、定時定路線タイプの交通の限界から整理します（第2部）。第3部では、「くるま社会」の問題点について、自動車は格差・不平等を解決できず、温暖化や資源浪費を生み出す点を整理します。また、すべての住民の移動に対応し自治体全域をカバーする移動サービス・新たな移動手段、通勤対策などについて検討します。最後に、運賃収入に頼らない財源の確保、公共交通の収入構造、公的負担の様々な手法、滋賀県の交通税構想、無料交通の実例と課題について整理します（第4部）。

目　　次

第１部　交通から移動へ：
コロナ禍での移動の変化

新型コロナ感染症のパンデミックは、多くの人命を奪いました。その危機状況への対応として実施された政策について、いま改めて意義や効果が検証されなければなりません。

コロナ禍では、とくに医療･福祉分野で多くの指摘があります。しかし、日本ではロックダウンが実施されなかったこともあり、移動や移動手段に関する政策の検証はいまだ多くはありません。「移動しない」「移動させない」というこれまでにない政策、移動しない生活の意義についての探求は始まったばかりです。

自治体の政策は、密になる移動を制限する必要に迫られました。外出を控える要請、県をまたぐ移動の自粛、大規模イベントの制限などが実行されました。コロナ禍を教訓に、これまでの「観光立国」中心の地域活性化を見直し、地域住民の日常移動を基本にして移動を再構築する必要があります。

第１部では、コロナ禍で起こった移動の変化から公共交通の問題を検討します。

まず社会とライフスタイルの変化、移動しない生活が提起した権利について整理します。その上で、コロナ禍によるテレワークの普及、居住地の選択、公共交通に起きた変化、国土交通省の危機対応について検討します。

第１章　コロナ危機が変えた
社会とライフスタイル

危機の中で起きた人の移動の変化は、多面的でした。移動を控え、移動の手段を変え、住む場所を変えるなど様々な現象が起こりました。それらは公共交通の政策分野を超えた人の行動を問い直す意義のある出来事でした。

第１節　移動の制限と行動の変化

命 令 と 自 粛

多くの国では、政府が罰則を設けて命令する形で、外出が制限されました。とくに最初のロックダウン（2020 年 3 月）では、自由の国フランスでも、警官が街頭で「外出許可証」の提示を求める措置まで実行されました。

他方、日本では、外出の自粛を要請するという穏やかな制限でした。新型インフルエンザ等対策特別措置法に基づき、休業や営業時間短縮の要請・指示、外出自粛要請が行われました。

方法は様々でしたが、世界人口の半分以上が自宅待機の指令や勧告を受けました（国際交通フォーラム／OECD の報告書）。

自宅待機命令が出ていない地域も含め、公共交通機関の利用や道路交通、日常的な移動手段のすべてが記録的な低水準となりました。

現代社会において、外出を止めるなどという政策は通常は考えられません。これまで交通安全のための速度制限や交通規制はあったものの、交通政策はすべて移動を促進するものでした。通勤、通学、通院、買い物、観光などをすべての人にとってより便利に、より快適にするという観点で実施されてきました。

行動の自主的変化

コロナ禍では、強制による行動制限だけではなく、行動の自主的変化がみられました。自粛は納得の上で行われました。人が自ら選択する「非移動」が生じたのです。

移動の減少は様々な面に及びました。

外食と旅行は激減しました。職場、学校への移動が減りました。接触を避けるため、家族や親族との対面や買い物の回数が減らされました。

その結果、社会全体の移動時間も移動距離も大きく減少しました。

第２節　家計消費の変化

家計消費の内訳をみると、「交通費」が大きく変化しました。

経済産業省の統計によると、通常あまり変動しない固定費である「交通・通信」が2020年４月以降、大きく落ち込みました（2020年3~5月の消費支出：品目別）。とくに交通費への支出が減少したことが原因でした。通勤・通学や移動を伴う買い物、旅行等が控えられ、その影響は2020年６月以降も続きました。

なかでも「公共交通」への支出（「消費支出総額に占める公共交通運賃への支出の割合」）をみると、2019年まで2.0％前後で横ばいでしたが、2020年は支出額がほぼ半減して1.1％となりました（『令和３年版交通政策白書』18-19頁）。2022年でも1.5％に減少したままでした（『令和５年版交通政策白書』５頁）。

コロナ禍で「交通」以外に、とくに落ち込んだ家計消費は、「被服及び履物」、「教養娯楽」、「教育」でした。娯楽サービスには、旅行、宿泊等への支出が大きく減少した影響がみられます。

先の経済産業省の統計（2020年3~5月）によると「食費支出金額」にはあまり変化がありませんが、その内訳は大きく変化しました。「外食費」が大幅に減り、代わりに家での食事が増えたため、「麺類」、「野菜や肉類など」への支出が増えました。他にも「家族との食事」が増えたこと、「デリバリーやテイクアウト」の売り上げが増加したことなど、食生活、支出内訳の変化が現れました。

第３節　買い物行動の変化

コロナ禍で買い物行動が変化し、買い物困難者が増加するとともに、移動販売、ネット通販へのシフトが起こりました。

第１項　買い物困難者の増加・顕在化

コロナ禍での対策として、「買い物へ行く回数を減らす」ことが呼び掛けられました。しかし、自家用車を利用できない人、高齢者や障がい者などにとっては、まとめ買いしたものを持って帰るのはつらい移動となります。

買い物困難者は以前から課題でしたが、コロナ禍で深刻さが増しました。

農林水産省が全国の市町村を対象に実施したアンケート（2020 年 11～12 月実施）は、「外出自粛により食料品の購入に影響が出たことが、いわゆる『買い物困難者』の増加及び顕在化に繋がって」いると指摘しています。

地域ごとの状況や対策の違いについては、公共交通の関係で次のように書いていることが注目されます。

買い物困難者への対策は、「中都市・小都市では『コミュニティバス・乗合タクシーの運行等に対する支援』が最も多く、大都市では『宅配、御用聞き・買い物代行サービス等に対する支援』が最も多い」。「小都市部においては「公共交通機関の廃止等のアクセス条件の低下」が大都市部と比較して高く、大都市部においては「助け合いなどの地域の支援機能の低下」が小規模都市と比較して高い」。

中都市・小都市の買い物対策は、コミバスや乗り合タクシーに依拠していたことがわかります。このタイプの買い物支援は、コロナ禍では「密」を避ける行動によって機能しなくなり、買い物困難者が増加したと考えられます。

「商品を届ける」支援策

買い物支援策は２つのタイプがあります。人を店舗に連れて行くという支援策と、移動販売、宅配、買い物代行のような、商品を届ける支援策です。

農林水産省のアンケートでは、コロナ禍で「宅配、御用聞き・買い物代行サービス等」は減少する一方で、「移動販売車の導入・運営」が増加しました。次にこの点を検討してみます。

第２項　移動販売の増加

商品を見て比較して買うという欲求は、ネット社会においても根強くあります。長期に及んだコロナ禍では、感染への不安から買い物回数を減らすことはあっても、実店舗へ出かけた人は減少しなかったと推測できます。

とくに精肉、魚、野菜、果物などの生鮮食品は、店で選んで購入したいものです。この点で、同じ買い物支援でも、移動販売は、配食、御用聞き・買い物代行などよりメリットがあります。移動販売車による買い物は、「密」を避けて店舗へ出かけられなくても、商品を直接見て購入できるからです。

実際、移動販売は、コロナ禍で拡大し、貴重なコロナ対策として機能しました。

NHK の取材した事例では、移動販売車を導入しているスーパー「いなげや」があります。2020 年の緊急事態宣言後、移動販売の売り上げが約４割増加していました。また、移動販売を手がける会社には、個人事業主になりたいという問い合わせが相次ぎ、2020 年は、2019 年の２倍以上に増えていました。

各地で自治体とも連携して活動している「とくし丸」という移動販売を手がける会社があります。移動販売の担い手は個人事業主として契約する形で、事業の継続に苦しむ企業と連携しています。2020 年にこの会社経由で移動販売を始めた人は、およそ 200 人で、派遣切りにあった人などの受け皿としても機能しています。

「徳島新聞」が紹介する「とくし丸」の活動では、ある有料老人ホームで面会制限で家族からの差し入れがなくなった人からの注文が 1･5 倍に増加した事例や、デイサービスの施設で利用者がスーパーに出掛けるのを控えたため、販売額が増えたという事例が報告されています。

「南日本新聞」の記事では、鹿児島県の薩摩川内市では、事業者が運営する移動販売車の2020年５月の客単価が前年同月より17.6%伸びたことを紹介しています。その原因は感染を恐れて外出を控えたことや、「密」を避けるために親類や介護者らの訪問の機会が減ったため、食料品や日用品の入手が難しくなった人の需要が伸びたからでした。また出水市では地域おこしグループが、移動販売事業を拡充していることも紹介されています。

この記事が報告しているように、通信販売の利点は、密を避けられる屋外で買い物ができること、目で見て選ぶ楽しみがあることです。

第３項　買い物支援の多様化へ

外出の自粛により、買い物困難者の増加と顕在化が指摘されました。その原因のひとつは、これまでの対策では、店舗へ連れて行く形態、移動の支援が多かったことです。コロナ禍では、他人と「乗り合い」をする手段での接触・「密」を避けることが必要でした。そのため、人ではなく物を移動させる、とくに移動販売車による買い物サービスが拡大しました。その広がりは、政府・自治体が主導したというより、各地の事業者や住民の自主的な動きによるものでした。

買い物は、外出の主な目的のひとつです。それは人と接する機会であり、気分転換の効用もあります。したがって、外出支援や社会的孤立対策の観点から、実店舗へのアクセスは、今後も不可欠な支援策です。

しかし、コロナ禍の経験を踏まえると、自治体の政策は、コミバスや乗り合いタクシーの整備だけでは不充分です。より多様な支援策とくに移動販売への支援策、「移動しなくても良い」買い物支援が求められます。

第4節　ライフスタイルの変化

「新しい生活様式」

2020年5月4日の新型コロナウイルス感染症対策専門家会議において、「新しい生活様式」が示されました。

厚生労働省「新しい生活様式の実践例」（2020年6月19日）は、(1) 一人ひとりの基本的感染対策、(2) 日常生活を営む上での基本的生活様式、(3) 日常生活の各場面別の生活様式、(4) 働き方の新しいスタイル、の4つに区別しています。いずれも実践例をわかりやすく挙げていますが、やや羅列的です。

具体的には、「3密」の回避、人と人との距離の確保、マスクの着用、手洗いなどが推奨されました。加えて、買い物では通販や電子決済の利用、公共交通機関の利用では徒歩や自転車利用を併用すること、働き方の新しいスタイルではテレワーク・ローテーション勤務・時差通勤・オンライン会議が提唱されました。

この生活様式を変えようという呼びかけにはどのような意図があったのでしょうか？　とくに働き方の新しいスタイルには長期的展望が含まれていたのでしょうか？

新しい生活様式という大胆な言葉で包まれていますが、その実践例の多くは緊急事態への対応という限定的な性格のものでした。コロナ禍を契機として、新しい生活様式を長期的な社会のあり方や歴史的な転換に結びつける展望は語られませんでした。

国際的にみると、気候変動対策として生活様式に関心が高まっています（国連の「気候変動に関する政府間パネルIPCC)。移動手段をはじめ、住宅、食生活、生産、消費、余暇活動の楽しみ方などを変化させることが目指されています。私たちがどのように移動し、働き、食べ、消費するかを見直し、生活様式を再考すべきことが指摘されています。この背景には、人の移動や活動の様式が、エネルギー利用、土地利用とともに温暖化の原因のひとつであるという国際的な問題提起があります。

長期的視野での移動政策

コロナ感染症以前から、交通システムに影響を与える変化がありました。

人が交通システムを利用する理由で最も多いのは買い物、次いで通勤といわれています。Ｅコマースの台頭により、オンラインで買い物や食事の注文をする人が増えたことが原因で、都市の繁華街が衰退しつつあります。通勤もテレワークが普及すれば相対的に減少する移動です。

コロナ禍での「移動しない」という変化は、それ以前のこの傾向を加速したのです。この流れは長期的なものであり、公共交通政策に大きな影響を及ぼします。

今後は、自治体や政府は、「移動しない」生活を含んだ移動政策を立案しなければなりません。コロナ禍で問われたのは、どの手段で移動するかではなく、移動そのものだったのです。

第２章　移動しない権利

第１節 「移動しない」という選択肢

「移動しない」ことを選択肢と書いた理由は、問題を政府による移動の禁止・制限としではなく、人のライフスタイルとして考えるためです。

第１項　移動時間を減らす

コロナ禍は人に不自由を強いながら、移動しない生活の大規模な実験の機会となりました。

われわれは、移動が制約であることを再認識しました。仕事も勉強も自宅でできるのですから。たとえば、もし飲料水が自宅の水道から手に入れられない環境であったらどうでしょうか？　水を運ぶという重労働が生活の大前提となります。そのような環境では生きるための移動は、大きな苦痛になります。水道は移動の苦労を和らげてくれたのです。

「移動しない」生活は、短期的変化ではなさそうです。

テレワークや通販・宅配が定着し、人はその便利さ、快適さを意識することになりました。われわれはコロナ禍で、強制的に移動を制限されましたが、同時に「移動しない」ことを選択できることも学びました。

この行動の変化は、デジタル技術なしには実現できなかったものです。働いている人が地方移住を選択できるのもデジタル技術が大きく貢献しています。

もちろんデジタル技術は改善をもたらすだけではありません。適切なルールを導入しなければ、労働条件の悪化にもつながります（第３章参照）。

「移動を避ける」

現代社会では、長距離移動は、人の生活に欠かせない活動です。働くため、教育を受けるため、欲しいものを手に入れるために、以前よりも長距離を移動することが必要になりました。

しかし現在、長距離移動を見直し、移動の頻度を減らすことは大きな課題です。人が移動しない状態は、地球環境にとっては良いことです。人と物の移動を減らすことは、二酸化炭素排出量削減に貢献する戦略として重視されています。地産地消や近距離の移動で済むまちづくりなどはその表れです。移動を減らす政策は、モビリティ向上からアクセス向上への転換として語られています。

これまでの交通政策の目的は、できる限り短時間で長距離を移動することでした。そのための条件が整備されることで、移動のニーズは満たされ、かつ増加してきました。できる限り移動すること、移動をうながすことが良いことだと考えられたのです。

コロナ禍では逆になりました。

移動を減らしても生活できることが求められたのです。移動の欲求、とくに長距離・最短時間の移動が100％満たされるライフスタイルが問い直されました。移動＝幸福という価値観が問われたのではないでしょうか？

テレワークは移動を減らす目的で推奨されました。

通勤は減少し、交通事業者の経営に打撃となりました。出勤日数は減っても（たとえば週4日）、出勤には公共交通が欠かせません。事業者は運行本数を維持しなければなりません。乗客は減る一方、サービス供給量を維持するのは大きな負担でした。「移動しない」生活という変化は、公共交通の利用に長期的な影響を及ぼす可能性があります。この点でみても、公共交通の未来は、あまり明るくはありません。

第２項 「仕事の移動」を減らす

仕事のための移動は、社会を成立させるために不可欠です。移動量（時間・キロ数）の面でも、仕事関連の移動は大きな比重を占めています。買い物・通院ほどは注目されてきませんでしたが、社会全体の移動時間を減らす目標からは、仕事での移動に目を向けなければなりません。

コロナ禍では、通勤を減らす対策が取られました。

バス・電車などでの移動中の過密・混雑を緩和するために移動を減らすことは、出勤者を減らして、職場の「密」を減らすことにもなります。

しかし、仕事のための移動は、通勤だけではありません。

仕事中に移動する人（外回り、配達）や仕事が移動である人（運転手など）がいます。フランスのデータですが、労働者の40％は仕事の過程で移動しています。通勤した後に、職場から現場や顧客のいる場所へ移動しているのです。とくにサービス業では、移動の多い職種が増加しています。

労働者の移動問題は、通勤を含めた仕事関連の移動すべてが対象です。

コロナ禍では、運転手やホームヘルパーなど移動する職種の感染予防策、仕事の仕方が課題となりました。「仕事が移動」である労働者は、テレワークできない職種の人たちです。彼らの通勤手段を変えることはできても、仕事中の移動手段をどうするかの課題は残ります。

外回りをする労働者に自動車は欠かせません。荷物の運搬や移動する距離の関係で代替手段はありません。自動車での移動が必要な仕事では、移動中の「密」を避けることは問題になりませんが、温暖化ガス排出量を削減するには大きな課題です。

どうすれば、仕事関連の移動、自動車の利用を減らすことができるのかは大きな課題となっています。

第２節 「時間の権利」から移動ニーズを問い直す

移動の権利が実現した社会を想像してみましょう。

移動格差がなく、複数の移動手段が選択できる状態です。この理想状態は「移動したい」というニーズを前提にしています。すべての人の、あらゆる移動が快適に、最速で行われる社会の実現は、自然資源の破壊や気候変動に深刻な影響を及ぼすものとなります。

移動の理想を別の視点から問い直すべきです。

コロナ禍では、人の日常移動が減り、観光旅行も激減しました。社会全体で人の移動が減ったことで、大気汚染、温暖化ガス排出量が減少するという思わぬ効果がありました。

第１項　ニーズ（需要）を変える政策

これまでの交通政策はニーズを前提にして、サービスの供給を設計していました。問題にしているのは交通不便地域ではありません。自動車を利用できない人が、病院や買い物へ行く具体的ニーズのことではありません。移動したいという欲求と交通サービスの提供という一般問題です。

今あるニーズを大前提にするとどうなるでしょう？

無限に供給を改善するという政策を続けることになります。実際に政府は、長年ニーズには働きかけずに、供給を増やす交通政策を実行してきました。とくに自動車を優先し、快適でスピーディーに移動できる高速道路を全国に張り巡らし、環状道路、バイパス、トンネル、橋を建設してきました。その結果、地方では通行する車両が極端に少ない快適な道路を見かけるようになりました。

供給中心に考えると、今後も無限の予算が必要です。道路の新設・充実を続けることになりかねません。

問題は予算の使い方だけではありません。土地や自然資源には限りがあります。土地の「人工化」は、温暖化を悪化させます。

供給重視に対して、ニーズに直接働きかける政策が提唱されています。

旅行・移動ニーズをコントロールすること、別の移動手段に誘導することです。生活に占める移動時間を問い直すこともそのひとつです。

第2項 「時間の権利」から移動時間を問い直す

移動ニーズへの働きかけに関連して、移動時間を問い直す動きがあります。その背景に「時間の権利」という思想があります。時間を中心にして生活のあり方を考え直そう、仕事のリズムやライフスタイルの変化をもたらそうという発想です。

この動きは、理論にとどまりません。すでに欧州では、いくつもの都市自治体に、生活時間に関する活動を担当する部局である「時間課」が設置されています。フランスでは、少なくとも20の都市圏が時間政策の実施に積極的に取り組み、大都市だけでなく中都市まで浸透しています。またドイツでも時間の使い方が、政策立案において強く意識されるようになっています。

ピーク時間（ラッシュアワー）対策

移動の分野では、たとえば、ピーク時間の対策があります。道路や公共交通機関が最も混雑する時間帯をずらして、移動を分散化することです。混雑緩和と通勤・通学時間の短縮だけでなく、移動の快適性を増進することを目的としています。

通勤は、新型コロナのはるか以前からの課題でした。とくに混雑や渋滞は都市問題として取り上げられてきました。近年の例では、小池都知事が2016年の選挙公約で「満員電車ゼロ」を掲げていました。原案は、交通コンサルティング会社のものでした。この公約の中心は、2階建て車両の導入だったため、初期投資のコストがかかるものでした。また供給を強化するという発想であり、ニーズへの対策ではありませんでした。小池都政において、この目標に沿って具体的な措置が検討されたのか不明です。

政府による都心の混雑解消の取り組みも、新型コロナ以前からありました。2020年東京オリンピック開催時の交通対策を主な目的としていました。テレワーク推進は、その一環として提唱されました。しかし、特別な時期の渋滞対策としてであり、長期的な働き方に関する政策ではありませんでした。

フランスでは、大学の授業時間割や入学時期をずらすなどの対策も行われています。

これらの時間政策はニーズ対策であり、道路拡張・バイパス建設、バス増便などの供給を増やすという政策よりもまず、優先されるべきです。日本でも、コロナ禍での時差出勤の提唱を今後も継続し、実効性のある具体策が求められます。

「時間課」が担当する政策は、移動時間に限りません。通勤だけでなく行政手続きにかかる時間、店や行政の営業時間と合わない勤務時間の問題、仕事と家庭の時間の調和などに及んでいます。多くは労働時間の設定に関係しています。

日本でも2007年12月、「仕事と生活の調和憲章」と「行動指針」の策定（「ワーク・ライフ・バランス推進官民トップ会議」）以来、「時間の権利」と重なる動きが見られます。しかし、「時間の権利」に基づく「時間課」の守備範囲は、労働者のワーク・ライフ・バランスよりも広く、移動も含めた様々な時間の使い方をカバーしています。

「時間の権利」とテレワーク

コロナ禍で一気に普及したテレワークも「時間の権利」から理解することができます。

通勤のための移動は、われわれの移動の一部に過ぎません。しかし、特定の時間帯に集中します。

また、通勤の主な手段は自動車です。時差出勤だけでは、自動車通勤の減少を実現できません。したがって、環境面や日々の交通インフラへの負担軽減の観点から、テレワークが求められます。

「時間の権利」からみて、テレワークの普及は大きな意義があります。混雑の苦痛を緩和し、移動時間を軽減することで、通勤移動の質と量を改善してくれます。

章を改めて、その歴史的意義を検討し、あわせてテレワークが可能にする、オンライン議会、「脱東京」を検証します。

第３章　テレワーク・オンライン地方議会・脱東京

就業者は、非就業者に比べて移動時間も距離も長くなります。就業者の移動をどうするかは、パンデミック対策において主要な分野のひとつになりました。

「移動しない」権利という視点を踏まえて、テレワーク、オンライン地方議会（議員のテレワーク）、地方への移住（テレワークによる居住地の選択）について検討します。

第１節　テ レ ワ ー ク

第１項　意識の変化と通勤時間の減少

強制的に始まったテレワークでしたが、経営者も労働者もその利点に気づき、関心が高まりました。

OECD の報告書によれば、パンデミックの移動制限とテレワークによって、混雑・渋滞は一気に解消されました。フランスでは、2020 年春の最初のロックダウン以降、テレワークが大幅に増加し、経済活動の継続に貢献したと評価されています。

通勤が仕事のために拘束される時間であり、苦痛を伴うことを、多くの人がこれまで以上に意識するようになりました。渋滞や混雑の問題だけでなく、公共交通による過密で長時間の移動も、テレワークで緩和できることを多くの人が実感したことでしょう。

さらに一部の職種では、「密」な大都市から「疎」の地域への移住が、テレワークで可能だということも理解されました。

内閣府の調査では「感染症拡大以前よりも、生活を重視」する人が、就業者の50.4％（2020年5〜6月）〜30.1％（2023年3月）存在しています。同じ調査で「テレワークしていない就業者」と「新たにテレワークした就業者」を比較すると、後者において「生活を重視」の比率が高くなっています。また世代の差もあり、20歳代、30歳代の若い層は、他の年代よりも「生活を重視」の比率が高くなります。コロナ禍によるこの面の意識変化は、今後の働き方をめぐる世論の動向に影響を及ぼしそうです。

以上から、コロナ禍でのテレワークの普及は、長期的な変化をもたらすことが予想されます。

通勤時間の減少

通勤時間はコロナ禍で減少しました。

2021年10月時点で、「通勤・通学」は31分、「移動（通勤・通学を除く）」は22分でした（総務省統計局「社会生活基本調査」）。

2016年と比べると、「通勤・通学」が3分、「移動（通勤・通学を除く）」は7分減少しており、「休養・くつろぎの時間」は20分も増加していました。明らかにコロナ禍の影響が見られます。

この総務省の調査は「基幹統計調査」であり、今後の施策とくに「仕事と生活の調和（ワーク・ライフ・バランス）の推進」などに「欠かすことのできない重要な資料」と位置づけられています。

日本の通勤時間は、OECD平均の28分を上回っています。OECD諸国で2番目に長い通勤・通学時間です。1番長いのは韓国58分、短いのはスウェーデン18分です。

フランスのデータでは、通勤時間は約40分（週平均199分）、距離は約27km（週平均140km）となっています。

通勤時間の平均はある程度、国の特徴を表していますが、通勤時間が長いかどうかは、地域（居住地）をはじめ、収入、学歴、性別などに左右されます。

重要なのは、通勤格差の問題です。

過密な公共交通による長時間移動は、大都市の通勤者の問題です。郊外、山間地、農村地域などは、自動車通勤が大きな比重を占め、混雑したバス・電車で通勤する人は少数です。コロナ禍での移動手段の対策としては、大都市の通勤がより大きな課題でした。

しかし、１人でも感染すれば職場での感染が拡大します。移動手段の対策では不充分で、出勤を減らす対策が重要でした。

第２項　「出勤７割削減」

コロナ禍では、政府が「出勤７割削減」を呼びかけました。目標の達成には、休暇、テレワークなどが必要でした。感染対策として、ロックダウンを避ける意味でも、「要請」ではなく出勤停止の断固とした措置が取られるべきでした。しかし、この対策の実現は民間企業や従業員の自発性に依存していました。

テレワーク実施率（後述）を見る限り、国および地方の公務員の「出勤７割減」すら厳格に実施されませんでした。７割の削減目標を実現して職員を感染から守った自治体はほとんどありません。出勤を減らす対策は、飲食店や大規模イベントへの対策ほどは真剣に実行されませんでした。

仮に政府・自治体や民間企業において、７割の労働者がテレワークをしながら業務が継続できる組織づくりに成功していたら、「出勤７割削減」は歴史的意義を持ったはずです。

総務省「テレワーク推進のための手引き」

自治行政局公務員部発行の『地方公共団体におけるテレワーク推進のための手引き』（2021年４月）では、「地方公共団体におけるテレワーク推進の意義」を３つ挙げています。

第１に、何よりも「働き方改革の切り札」と位置づけているのが特徴です。

「育児や介護などの時間的制約を抱える職員を含め、職員一人ひとりが多様な働き方を実現できる」としています。

他の２つは、「業務の効率化が図られることで行政サービスの向上にも効果」、および「感染症対策に加え、災害時における行政機能の維持のための有効な手段」です。

そもそも、拘束力のない「手引き」という文書ですが、コロナ禍まっただ中で出されています。「出勤７割削減」という政府の「要請」もありました。にもかかわらず、職員の感染症対策は最優先ではありませんでした。

本文全体をみると、網羅的で詳細な指示が事細かく書かれていますが、感染症対策として職員の安全を確保した上で業務を継続する課題に向けた切迫感はありませんでした。「働き方改革」を目指して、コロナ禍という危機においてもできるところから長期的に取り組もうとしている印象です。

最も強調されているのは意識改革です。とくにトップのリーダーシップです。たとえば「導入の検討に向けて、トップのリーダーシップによる組織の壁を越えた推進体制の構築が不可欠です」、「役割分担を明確にした部門で構成される全庁的・横断的なプロジェクトチームを結成することが必要です」、「特にテレワーク導入に向けた首長の強力なリーダーシップ、変革への意欲は重要です」などと書かれています。

ここでは自治体行政を統制する「上から目線」が如実に表れています。責任のある中央省庁として、自治体がテレワークを実施できるように支援する具体的制度や財政支援に力を注ぐべきでした。手引きを作って、実施は自治体任せでは「出勤７割削減」の実現は困難でした。

第３項　労働者の権利としてのテレワーク

フランスは、2005 年の全国労働協約や 2017 年の政令によってテレワークが規定されてきました。

2005 年には、被用者の自主性の原則、雇用主による費用負担の義務付けなどが明記され、2017 年には、2009 年の新型インフルエンザ流行時の通達を法制化し、企業の事業継続と被用者の健康確保のためにテレワークの実施を可能とする規定が設けられました。

フランスの特徴は、「在宅勤務する人の権利」を法令で明確にしている点です。他の従業員と同じ権利を有することや、「研修へのアクセス」「私生活の尊重」「つながらない権利」「職場での健康とセキュリティ」などが通常勤務と同じように補償されるとしています。

テレワークは「権利」であるという発想は、テレワークを論じる上でひとつのポイントです。日本ではどうでしょうか？

日本でも、テレワークはコロナ以前から推進されていました。2016年7月からテレワーク関係府省連絡会議が開催され、2017年5月閣議決定「世界最先端デジタル国家創造宣言」では、「テレワーク導入企業率」、「雇用型テレワーカーの割合」の数値目標も設定していました。

日本で在宅勤務の導入は、「働き方改革」の課題でした。その背景には、過労、働き過ぎに対する「ワーク・ライフ・バランス」の議論がありました。「仕事と生活の調和（ワーク・ライフ・バランス）憲章」は、「行動指針」とともに2007年12月に策定されています。働かせる側は、人口減少や深刻な労働力不足という課題を意識していました。

日仏では、テレワークの推進目的が明らかに異なっています。

日本の場合、権利の議論は遅れています。労働者の権利の保障は不明確です。法律に基づいて従業員の権利を在宅勤務中にどう保障するかを明確にすべきです。

第4項　コロナ禍での実施率と格差

政府が公表した実施率のデータから、コロナ禍でテレワークが急増したことを確認できます。また、その実施率は地域、業種、企業規模において大きな格差があったこともわかります。

1. 急　　増

テレワーク実施率（従業員の割合）の全国平均は、2020年5月時点で27.7

図1　テレワーク実施率（地域別・2019年12月～2023年3月）

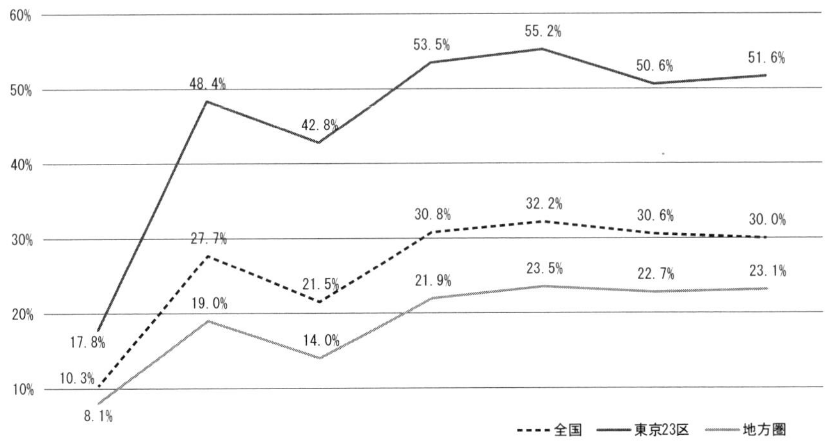

※働き方に関する問に対し、「テレワーク（ほぼ100%）」、「テレワーク中心（50%以上）で定期的にテレワークを併用」、「出勤中心（50%以上）で定期的にテレワークを併用」、「基本的に出勤だが不定期にテレワークを利用」のいずれかに回答した人の割合

出典：内閣府「第6回　新型コロナウイルス感染症の影響下における生活意識・行動の変化に関する調査」4頁

%に達し、2019年2月の10.3%と比べて約2.7倍になりました（図1）。コロナ禍でテレワークは急速に普及し、従業員の4人に1人が実行していました。

2021年4～5月には、全国平均の実施率は30.8%となりました。以後、2023年3月まで実施率は、ほぼ同じ水準が続きます（図1）。

2. 実施率の地域格差と職業格差

テレワークの実施率は、地域や業種で大きな差が出ています。

先の図1で、テレワーク実施率がピークになった2021年9～10月の数値を比べると、全国では32.2%ですが、地域別に見ると東京23区が55.2%、地方圏が23.5%と大きな差があります。

別のデータ「雇用型テレワーカー」の地域別の割合（2021年）は、首都圏

42,1%、近畿圏27.3%、中京圏23.0%、地方都市圏17.7%、全国27.0%となっていて、三大都市圏とくに首都圏が高く、地方都市圏で低くなっています（『令和4年版交通政策白書』105-106頁）。

※首都圏は、埼玉県、千葉県、東京都、神奈川県。中京圏は岐阜県、愛知県、三重県。近畿圏は京都府、大阪府、兵庫県、奈良県。地方都市圏はその他の道県。

OECDの研究によっても、テレワークの可能性が地域によって大きく異なることが指摘されています。テレワークは全国均等ではなく、地域によるアプローチ、格差への対応が課題であると指摘しています。地域差の対策として、テレワークのための規制ルールの整備、中小企業にテレワーク導入のインセンティブを与えることなどを挙げています。

業種別の格差も明確です（図2）。

2023年3月の実施率では、「情報通信業」73.9%、「金融・保健・不動産業」

図2　テレワーク実施率（業種別・2019年12月～2023年3月）

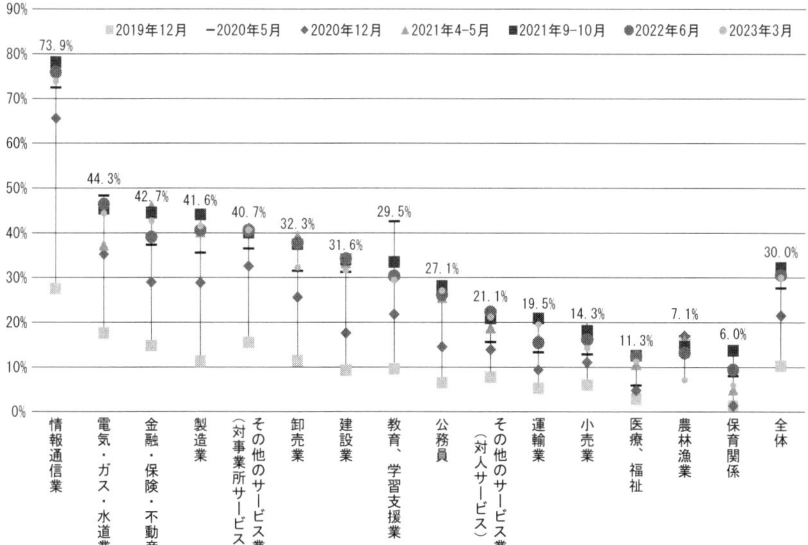

出典：内閣府「第6回　新型コロナウイルス感染症の影響下における生活意識・行動の変化に関する調査」5頁

42.7% から「医療、福祉」11.3%、「保育」6.0% まで大きな差が出ています。実施率が低い業種は「小売」「運輸」などを含めて、「対人サービス」が多くなっています（図2）。

「公務員」は 27.1% にすぎません。しかもすでに述べたようにこの数値は「基本的に出勤だが、不定期にテレワーク」という職員を含むものです。この実施率をどのように評価するかは、政府および地方自治体の仕事の改革に関わってきます。

企業規模別の実施率の推移をみると、従業員数 1,000 人以上ではほぼ 40% 台が継続し、2023 年 3 月でも 43.3% ありました。従業員数 2〜29 人では 20 % 程度しかありません（図3）。

3. 通勤時間の変化（就業者）

テレワークの実施・定着によって通勤時間が大きく変化しました。

内閣府の調査（2020 年 5〜6 月）によると、コロナ禍で大幅に減少（51% 以上減少）との回答は、23 区では 35.9% に達していました。これに減少（21〜50% 減少）と、やや減少（6〜20% 減少）を合わせると、通勤時間が減少した人は 56.1% になりました。2021 年 4〜5 月時点での同調査でも 23 区の場合大幅に減少は 21.9% あり、減少した人は全体で 44.0% となっていました。

ただし「大阪・名古屋圏」では、大幅に減少との回答は 16.8%（2020 年 5〜6 月）、7.0%（2021 年 4〜5 月）となり、23 区の半分以下の率でした。

さらに「地方圏」では、10.6%（同）、4.4%（同）との回答で、コロナ禍の通勤への影響（通勤をしないという働き方）はかなり少なくなっていました。テレワーク実施率が高い業種は、大都市に偏っているためです。

また、東京では公共交通機関が充実し、通勤手段の中でその比重が高いことも背景にあります。「地方圏」では、自家用車が主な通勤手段であり、もともと通勤の「密」が大きな問題ではなかったのです。

以上のような地域、業種、企業規模によって異なる実施率を見ると、今後

図３　テレワーク実施率（企業規模別・2020年５月～2023年３月）

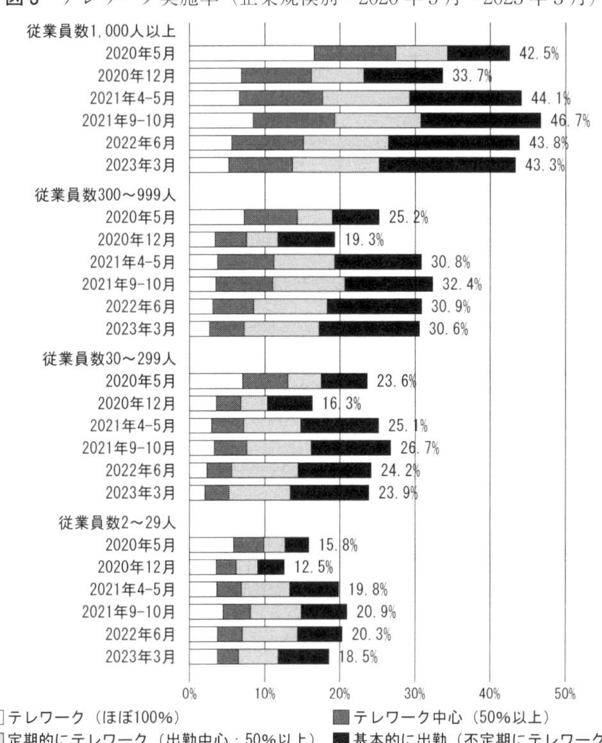

出典：内閣府「第６回　新型コロナウイルス感染症の影響下における生活意識・行動の変化に関する調査」７頁

テレワークが定着するのか、いまだ不透明です。しかし、その実施率は、ほぼ同じ水準がコロナ禍の３年間続きました。テレワークは若い世代が仕事を選択する要素です。日常業務でテレワークを定着させる組織づくりが重要になります。その成否は公務員の将来にも影響が及ぶ可能性があります。

第５項　テレワークの限界

テレワークは万能薬ではありません。何よりも、テレワーク可能な職種は限定されます。医療、福祉、小売業、運輸業など対人サービスの分野では実施は困難です。

このため日本より厳格な行動制限が実行されたフランスでも、「週3日以上」のテレワークをしているのは、総労働人口の9％のみでした。「週1日以上」に対象を拡大しても、総労働人口の23％に過ぎませんでした（2021年1月）。

またテレワークは成果主義につながる面を否定できません。在宅勤務では、仕事ぶりが見えにくくなるため、成果を重視する評価になる危険があります。

もうひとつの欠点は、健康への悪影響です。

これは心理面では社会的孤立に関連しています。コロナ禍は、従来からある社会的孤立を深刻化したからです。東大社会科学研究所による「コロナ禍にみる人々の生活と意識」に関する調査（2021年2月発表）は、社会的孤立を対面、通話、メールなど、いずれの方法についても接触する相手がいない状態と定義しています。

興味深いのは「コロナ禍で社会ネットワークの縮小が生じたのは対面だけでなく、行動制限の影響を受けにくいはずの通話、メール・テキストによるネットワークについても同様である」との指摘です。テレワークが定着し、その頻度や時間が長くなると、生活と仕事のバランスが改善されるプラスだけでなく、社会的孤立が深まるマイナスもあります。社会的孤立のリスクがコロナ禍で高まり、孤立しやすい背景を持つ人が孤立リスクを高めると分析しています。

この心理面への影響は在宅で仕事する場合の大きな問題です。テレワークのデメリットでは、他にも長時間労働、業務効率低下、上司と部下の関係構築への懸念がありますが、従業員の心理面への配慮にも目を向けなければなりません。

テレワークは移動を減らさない？

そもそもテレワークは移動を減らすのかという議論があります。

「テレワーク100％」はテレワーカーの例外です。テレワーカーも、ときには通勤が必要です。仮にテレワーカーが、住居費が安く、環境の良い遠方へ引っ越した場合、通勤時間と距離は増加します。

またテレワーク利用で、より遠方の仕事を獲得できるようになると、長距離の出張が増える可能性もあります。仕事関連の移動の総量を減らすとは限りません。テレワーク可能な人は、特定の職種では移動が多いライフスタイルになるともいわれています。

以上、コロナ禍でのテレワークの実施状況、通勤への影響、テレワークの限界を検討してきました。欠点や限界はありますが、テレワークは労働者のライフワークバランスの改善に貢献することは間違いありません。また移動を問い直し、将来の危機に備えるという意義もあります。自治体は率先して、テレワークを定着させることに貢献すべきです。

第２節　オンライン地方議会：議員のテレワーク

地方議員のテレワークは興味深い分野です。

コロナ禍によって自治体議会の運営も問い直されました。コロナ禍で「密」を防ぐことを理由に、会期を短くしたり、執行部に迷惑をかけないために一般質問を取りやめるなどの自治体がありました。これらは議会における討議という最も重要な活動を軽視するものでした。地方議員の議会活動は、不要不急の外出ではありません。

会期や審議の方法を変更するよりも、対面での審議をリモートに変える取り組みが必要でした。

オンラインでの議会開催には、法律の壁があります。

「普通地方公共団体の議会は、議員の定数の半数以上の議員が出席しなければ、会議を開くことができない」（地方自治法113条）という条文です。

そのため2020年4月に総務省は、委員会に限ってオンラインでの開催が可能とした通知（4月30日付け）を出しました。委員会審議は法律でなく通知で変更されたのです。

この変更はあくまで例外的という立場からのものでした。通知は次のように限定しています。

「新型コロナウイルス感染症のまん延防止措置の観点等から委員会の開催場所への参集が困難と判断される実情がある場合に」。

オンライン議会についての全国データは見当たらないので、個別事例を紹介します。

全国初のオンラインでの委員会審議を実施したのは、福島県磐梯町でした(2020年6月)。人口約3,400人の小さな町です。

磐梯町公式サイトを見ると、2021年6月定例会でもオンライン常任委員会が開催されています。総務文教厚生委員会と経済環境委員会がオンラインで行われ、議案審議は、Web会議システム「Zoom」とペーパーレスシステム「SideBooksクラウド本棚」が活用されました。公式サイトによれば、この定例会から、オンラインの音声環境改善、発言者をわかりやすくするWeb会議用の端末とヘッドセットの使用できる環境をつくりました。

磐梯町についてのNHKの特集記事では、小さな自治体の生き残り戦略と評価しています。オンライン議会は佐藤淳一町長から提案されました。星野リゾートで東京営業所長などを務めた経歴を持っています。町議の時代に議員っていったい何やっているのかと言われた経験に基づいていました。コロナ禍で総務省の通知があったことが追い風となり、2カ月の準備で実証実験が開始されました。

女性が議員になりやすい環境になったという評価もあります。町で初の女性議員となった古川綾議員（リクルートで約10年間勤務経験）によれば、以前はFacebookに議員活動をアップして批判される状況だったが、オンライン化によって、出産や育児を抱える若い世代が議員を目指すことができると、その意義を述べています。

議員全員が積極的に賛成している訳ではありません。顔を見ながら話すのが一番いいなどの意見があります。議会の手続きは非常にスムーズになるが、議会が形ばかりになってしまうとの批判も出ています。しかし議会が「形ばかりになる」というのは、本末転倒の議論であり、技術の導入と議論の形骸化は別の問題です。議場にいても形ばかりの討論になるのは議員の姿勢の問題です。

オンライン議会は、住民に開かれた議会審議、女性議員の参加という明確なメリットがあります。後ろ向きの意見については、議論の中で克服していくことが必要です。

第3節　脱東京の動向

コロナ禍は、すくなくとも短期的には、人の流れに大きな影響を与えました。長期的な人口動態への影響はどうでしょうか？　「田園回帰」のような長期的傾向につながるのでしょうか？

第1項　都市化の進展

長期的にみると、地球規模での都市化が急速に進行しています。

国連の「人口構成の変化」(2020年) によれば、都市住民は2009年まで、農村部住民を下回っていましたが、現在では世界人口の55%程度が大小の都市に暮らしています。都市化率は2050年までに70%近くに達するとの予測です。都市は世界の陸地面積の2%未満にすぎないものの、全世界の国内総生産GDPの80%と、二酸化炭素排出量の70%以上を占めています。この都市化を国と自治体は効果的に管理しなければなりません。

日本は他の先進諸国と比較しても「ずばぬけて高い経済社会活動密度」がある国です。

この表現は、40年前の『環境白書』(1981年度版) の引用です。当時すでに日本は、「高い水準の生産、流通、消費が生み出す人工の物質・エネルギーの大きな流れが地域的に過度に集中」している状態でした。一部の地域に過度に集中した高密度は、「環境への大きな負荷を生み、これが高度経済成長の下で深刻な環境汚染と自然改変の激化をもたらした」と警鐘をならしていました。

日本の都市化は、この40年間で一層進展しています。『環境白書』が批判した過度の集中がもたらす環境への負荷は、確実に増加しているはずです。

今回の新型コロナ感染症は、「人が密になって暮らす」こと、都市化の限界を提起しました。言い換えれば大都市圏、とくに首都圏の過密の問題を問いかけているということです。

第２項　脱　東　京

企業の移転

テレワークの定着に伴って、都心のオフィスの面積縮小や郊外への移転の動きが起きました。2020年度に東京都心から本社を移転した企業は2019年度に比べ２割以上増えました。資産を持たない中小サービス業を中心に郊外や地方都市に拠点を移す動きがあり、コロナ禍で進んだ働き方の変化が企業の移転を促していると評価されています。

人口の転入超過が大きく縮小

各都道府県の転入者数から転出者数を差し引いたものが転入超過数です。東京都は他の道府県と比べ突出して多く、2019年度は８万3,455人となっていました。しかし、2020年度の東京都の転入超過数は7,537人と急減しました。明らかにコロナ禍の影響です。

推移を見ると、2020年５月は移動者数（外国人を含む）の集計を開始した2013年７月以降で初めての転出超過になりました。2020年５月以降は、多くの月で転出超過となり、2020年４～12月の合計で１万6,938人の転出超過となりました。ただし原因として外国人の転出が多いとの指摘があります。

他方で、「東京圏」への転出入数をみると、転入超過数が感染前から減少したものの、2020年７月以降も転入超過となっている月がありました。

以上の数値は、東京都で起きた変化が「転出超過」にまでは至らず、「転入超過の大幅な縮小」だったことを表しています。また、都に隣接する「東京圏」でも「転入超過」がみられました。コロナ禍にもかかわらず「東京圏」

でみれば一極集中に大きな変化は現れていません。

総務省による2023年の住民基本台帳人口移動報告（2024年1月30日公表）によると、東京都の「転入超過数」は6万8,285人で、2022年の3万8,023人から約80%増えました。2019年の8万2,982人に戻りつつあります。2023年には40道府県で「転出超過」となっていて、再び一極集中が強まりつつあります。

テレワークと「脱東京」

労働者には東京を離れても「東京圏」を離れられないという事情があります。

テレワークを実施している企業では、通勤頻度が低下したことから、従業員が都心から近隣県の郊外へ転居する動きが起きたようです。非正規、在宅勤務に消極的な企業の従業員など、そもそも移住するという選択肢がない住民も多く存在します。

東京都が2020年秋に実施した「都民生活に関する世論調査」によると、東京が「住みよい」と回答した人は57%で、「住みにくい」は6.8%にすぎませんでした。「東京に今後もずっと住み続けたいか」という質問に対しては「住みたい」が70%で、「住みたくない」は10%です。いずれも大きな差がありました。

ただし「住み続けたい」とは回答しなかった残りの30%の人は、条件次第であるとも解釈できます。

東京圏から地方への移住：関心の高まり

実際、コロナ禍で地方移住への関心は増加しました。

東京圏（東京都、埼玉県、千葉県、神奈川県）で、地方移住に関心を持つ人は、2020年12月に31.5%となり、1年前から6.5%増加していました。その後も関心の高まりは継続し、2023年3月時点で35.1%になっていました（図4）。

とくに23区の居住者や20歳代の年齢層の地方移住への関心が高くなっています。

図４　地方移住への関心（東京圏在住者）

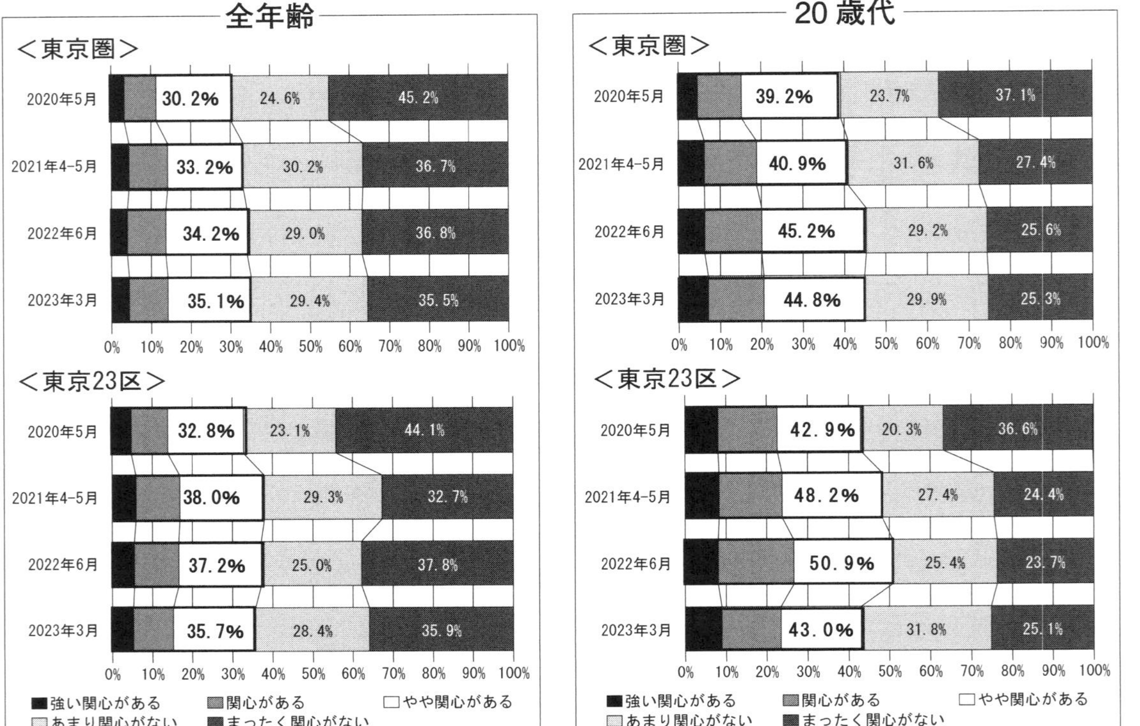

出典：内閣府「第６回　新型コロナウイルス感染症の影響下における生活意識・行動の変化に関する調査」23頁

図５　地方移住への関心理由（東京圏在住で地方移住に関心がある人）

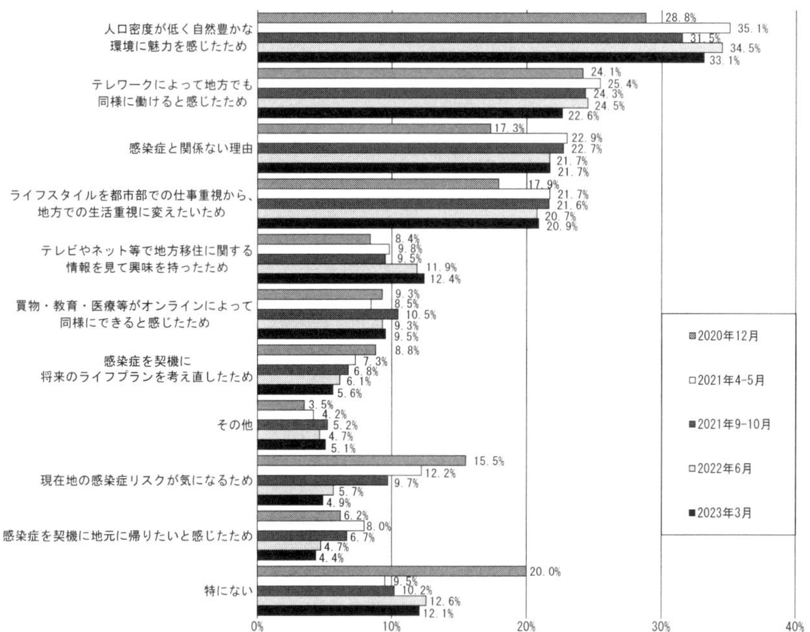

出典：内閣府「第６回　新型コロナウイルス感染症の影響下における生活意識・行動の変化に関する調査」24頁

関心理由の第１位は、「人口密度が低く自然豊かな環境に魅力を感じたため」で33.1％、第２位は「テレワークによって地方でも同様に働けると感じたため」22.6％でした（2023年３月）。過密な都市の生活環境、テレワーク、オンラインを活用する生活様式などが、地方移住への関心を高めています。

第4章　公共交通の新たな危機

コロナ禍で、移動しないという選択肢があることが意識され、実際に仕事・買い物・旅行のあり方が変化しました。それらは公共交通に大きな影響を与えています。移動の減少（第1節)、移動手段のシフト（第2節)、運賃収入の減少（第3節)、減便・路線廃止の拡大（第4節）について検討します。

第1節　移動の減少

2020年春に始まったパンデミックによって、公共交通の乗客は大きく減少しました。

ロックダウンを実施した国では、公共交通機関の利用者が90%減を記録したところもあります。

日本ではどうだったでしょうか？　バスと鉄道について整理します。

第1項　バス

1. 路線バス

輸送人員の推移をみると、三大都市圏合計では2019年度26億7,000万人から2020年度は19億7,600万人へと約7億人減少（26%減）しました。「その他地域」の合計では2019年度12億9,700万人から2020年度は9億2,600万人へ約3億7,000万人減少（29%減）しました（図6)。

減少率

国土交通省公式サイトに毎月公表された統計、「新型コロナウイルス感染症による関係業界への影響について」により、路線バスの乗客減がどの程度であったかをみてみます（表1)。

図６　一般路線バスの輸送人員、経常収入（棒グラフ）の推移（都市部・地方部別）

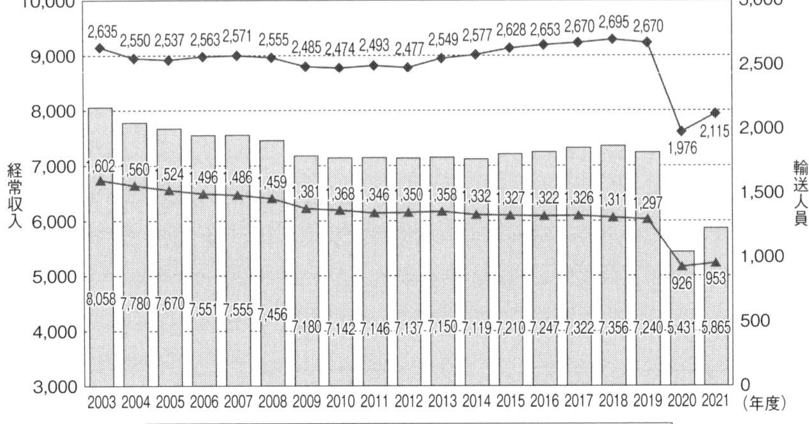

経常収入　―◆― 三大都市圏輸送人員　―▲― その他地域輸送人員

注１：各数値データは、乗合バスの保有車両数が30以上のバス事業者のデータを採用。
注２：三大都市圏とは、埼玉、千葉、東京、神奈川、愛知、三重、岐阜、大阪、京都、兵庫である。
資料：国土交通省自動車局作成

出典：『令和５年版交通政策白書』32頁

表１　一般路線バスの輸送人員の減少率（2019年同月比）（回答した事業者の平均）

	1月	2月	3月	4月	5月	6月	7月	8月	9月	10月	11月	12月
2020年	―	―	―	47.7%	50.0%	28.5%	25.3%	27.7%	22.1%	18.8%	22.1%	22.6%
2021年	27.5%	27.0%	22.8%	17.4%	29.5%	24.2%	23.6%	31.3%	27.5%	20.4%	19.7%	17.5%
2022年	22.4%	23.0%	22.2%	19.8%	19.6%	17.5%	20.4%	22.3%	20.0%	16.3%	18.0%	16.1%
2023年	17.8%	16.6%	13.6%	12.9%								

出典：国土交通省「新型コロナウイルス感染症による関係業界への影響について」2020年３月末まとめ～2023年４月末まとめのデータより筆者作成

2020年４月と５月は、減少率がおよそ50%（2019年同月比、以下同じ）にまで落ち込みました。その後やや回復し、６月28.5%から12月22.6%と、ほぼ20%台の減少率で推移しました。2022年、2023年（２月まで）は、ほぼ同じ減少率（23.0～16.1%）が続きました。2023年４月は12.9%で緩やかに回復しています（その後の統計は未発表）。

コロナ禍の３年間全体を通してみると、日常生活の足である路線バスは、コロナ以前と比較して２割から３割の乗客を、３年間にわたって失いました。

紹介した乗客減少の数値は、あくまで全国平均です。地域・路線によって大きな差がある可能性が高く、乗客を失った路線・事業者の経営の深刻さは個別に検討しなければなりません。

コミュニティバス

コミュニティバスは「交通空白地域・不便地域の解消等を図るため、市町村等が主体的に計画し運行するバス」です。

近年は 1,352 市区町村（2019 年度）から 1,361 市区町村（2021 年度）と推移し、運行している自治体数はほとんど増加していません。

コミュニティバスでもコロナ禍で乗客数は減少しました。全国集計のデータがありませんので、一例として、金沢市に隣接する石川県野々市市の例を紹介します。

コミュニティバス「のってぃ」の乗客数は、2017 年度 20 万 7,026 人、2018 年度 21 万 4,742 人、2019 年度 20 万 8,826 人と 20 万人以上で推移していましたが、2020 年度は 12 万 6,247 人と大幅に減少しました。その後、2021 年度 15 万 7,943 人、2022 年度 16 万 7,107 人となり、2023 年度は 18 万 5,795 人と回復していますが、元の水準からは 1 割程度減少したままです。

2. 高速バス・貸切バス

乗客の少ないバス路線の赤字は、高速バスや貸切バスの収入で支えられています。その乗客数は、旅行やイベントに依存するためコロナ禍で大幅に減少しました。

高速バスの輸送人員を年度別にみると、2019 年度が約 9,735 万人でしたが、2020 年度は約 2,323 万人、2021 年度は約 3,027 万人と激減しました（図 7）。

減少率（2019 年同月比）をみると、路線バスと比較して 40% 程度も高くなっています。

2020 年 4～6 月は、減少率が 80% 前後となって、乗客は路線バス以上に大きく落ち込みました。7～12 月も 50% 台から 60% 台で推移しました（表 2）。

図7　高速バスの輸送人員の推移

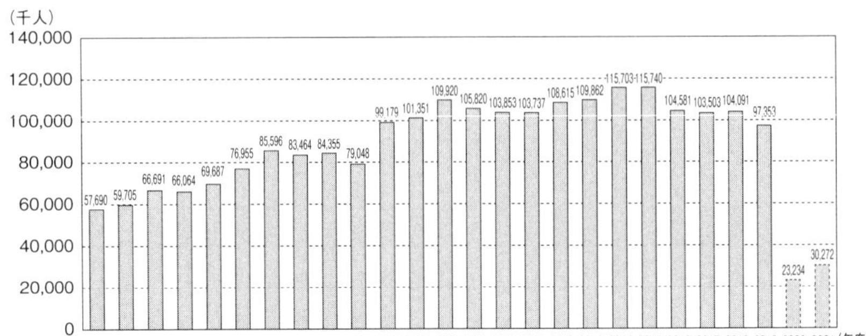

注：2019年度までは国土交通省自動車局調べ、2020年度以降は国土交通省「自動車輸送統計調査」
資料：自動車輸送統計調査、国土交通省自動車局調べから国土交通省自動車局作成
出典：『令和5年版交通政策白書』33頁

表2　高速バスの輸送人員の減少率（2019年同月比）（回答した事業者の平均）

	1月	2月	3月	4月	5月	6月	7月	8月	9月	10月	11月	12月
2020年				79.5%	85.5%	78.1%	64.3%	67.0%	62.9%	53.7%	55.1%	53.7%
2021年	67.5%	69.2%	67.1%	60.6%	67.2%	63.2%	58.3%	65.5%	67.4%	55.0%	50.3%	52.6%
2022年	56.2%	64.4%	59.6%	55.9%	49.4%	48.8%	43.9%	48.3%	48.9%	38.9%	38.2%	36.5%
2023年	40.2%	42.7%	36.4%	37.0%								

出典：国土交通省「新型コロナウイルス感染症による関係業界への影響について」2020年3月末まとめ～2023年4月末まとめのデータより筆者作成

2021年も9月まで、ほぼ60%台の減少率でした。10月から回復傾向になりますが、2022年1～3月は減少率が再び上昇しました。以後は少しつづ回復に向かいますが、10月でも減少率は30%台ありました。2023年4月でも37.0%と減少したままでした。

コロナ禍の3年間、観光や出張の需要が減少したことで、高速バスの乗客は、路線バス以上に大きな比率で減少し、コロナ以前と比較して30%以上の乗客を失いました。

貸切バス

貸切バスの需要は、旅行制限により急激に落ち込ました。

貸切バスの輸送人員の全体を年度別にみると、2019年度2億7,458万人か

図 8　貸切バスの事業者数、輸送人員、車両数、営業収入の推移

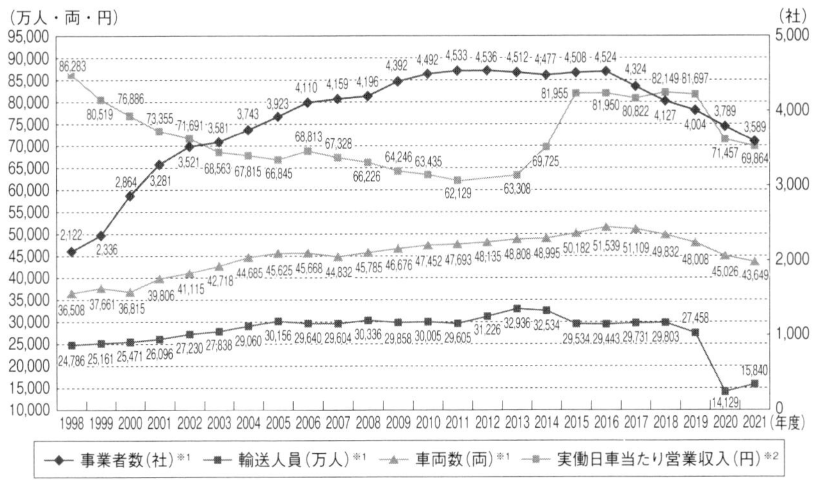

※1：国土交通省調べ
※2：日本バス協会調べ（2012 年度の数値については調査対象事業者が異なっているためデータ上記載していない。）
資料：「日本バス協会調べ」等から国土交通省自動車局作成

出典：『令和 5 年版交通政策白書』36 頁

表 3　貸切バスの車両の実働率（回答した事業者の平均）

	1 月	2 月	3 月	4 月	5 月	6 月	7 月	8 月	9 月	10 月	11 月	12 月
2020 年		40.5%	10.2%	11.6%	5.7%	8.7%	12.1%	11.0%	22.4%	39.3%	44.2%	28.8%
2021 年	13.9%	16.4%	20.4%	19.5%	16.5%	23.1%	31.6%	21.2%	17.6%	41.9%	48.8%	39.0%
2022 年	21.2%	23.0%	24.4%	27.8%	37.7%	44.3%	36.4%	27.4%	40.2%	52.0%	54.6%	40.0%
2023 年	28.6%	37.2%	38.0%	38.9%								

出典：国土交通省「新型コロナウイルス感染症による関係業界への影響について」2020 年 3 月末まとめ～2023 年 4 月末まとめのデータより筆者作成

ら、2020 年度 1 億 4,129 万人、2021 年度 1 億 5,840 万人とほぼ半減しました（図 8）。

貸切バスの「車両の実働率」のデータをみると、2020 年 3 月の実働率は 10.2% とほとんど動いていません。5 月はさらに 5.7% と一桁に下がりました。夏の旅行シーズンまで 90% の車両が稼働しない状態が続きました（表 3）。

2020 年 9 月から回復傾向になり、11 月は 44.2% でした。しかし、2021 年 1 月には再び 13.9% に落ち込み、9 月まで 10～20% 台の実働率が続きまし

た。10～12月は再び回復傾向になっていました。

2022年は前年より少し実働率が上昇し始め、とくに5月6月、9月10月はかなり回復しましたが、コロナ禍以前の実働率には戻っていませんでした。2023年4月まで実働率は2019年水準には回復していません。

第2項　鉄　　道

1. 旅客輸送量

2020年度の鉄道の旅客輸送量は、人ベースで約177億人、対前年度比で約30％減少しました（図9）。

減少率は、大手民鉄（16社）やJR（6社）が、約40％前後と高くなっていますが、その理由は都市部の通勤路線等が多いためでした。相対的に減少率が低かったのは地方交通（174社）、および地下鉄や路面電車を運営する公営（11社）でした。

ただし、この減少率は、4つの区分で比較したものにすぎません。とくに地方交通の乗客減少の現実は見えません（「3. 乗客減少率」の項参照）。

図9　鉄道旅客輸送量（人ベース）の推移

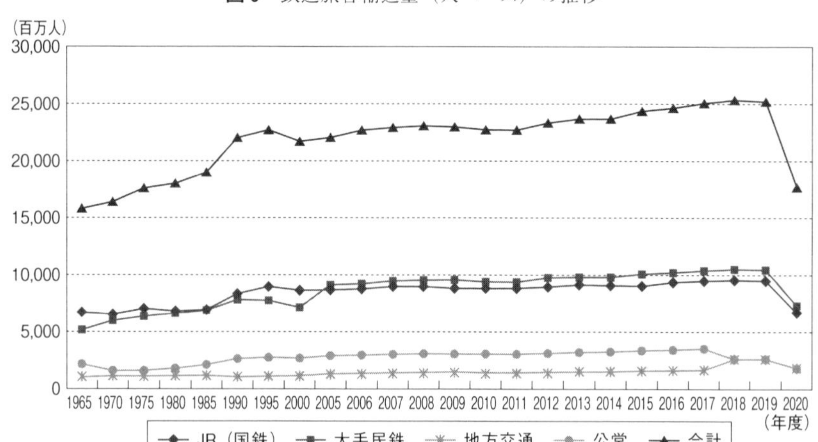

注1：地方交通とは、JR、大手民鉄及び公営以外を指す。
注2：2004年度以降の大手民鉄には東京地下鉄（旧交通営団）を含む。
注3：地方交通には、準大手、モノレール、新交通システム、鋼索鉄道及び無軌条電車を含む。
資料：「鉄道統計年報」から国土交通省鉄道局作成

出典：『令和5年版交通政策白書』40頁

2. 混　雑　率

「三大都市圏主要区間の平均混雑率」（国土交通省）というデータも、コロナ禍が乗客を減少させたことを示しています（図10）。

東京圏の2019年～2022年の推移をみると、163%→107%→108%→123%となっています。同じく大阪圏の推移は126%→103%→104%→109%、名古屋圏132%→104%→110%→118%でした。どの都市圏も、2022年には前年から混雑率が増加していますが、2019年の水準には達していません。

「2020年度の都市鉄道混雑率調査結果」（国土交通省2021年7月）によると、ワースト常連路線のラッシュ時における利用者数が大幅に減少しました。1位が続いていた東京メトロ東西線（木場→門前仲町）では、ピーク1時間当たりの輸送人員が約2万9,000人減少し約4万7,200人になりました。輸送力は10両編成27本で変わっていないため、混雑率は199%（2019年度）から123%（2020年度）へ減少しました。ただし混雑は緩和したとはいえ、123%なので「密」は解消した訳ではありませんでした。

混雑率減少は、テレワークの普及度合いが輸送人員減に影響したためと考えられます。2020年8～10月のテレワーク実施率をみると、首都圏が27.6%だったのに対し、近畿圏は16%、中京圏は13.7%、地方都市圏は9.4%と大きな差がありました。調査した全236区間のうち、ピーク時で1万人以上減ったのは48区間であり、大阪の4区間以外はすべて首都圏の路線でした。

3. 乗客減少率

乗客が減少した割合をみると、大手民鉄より中小民鉄の方が大きく減少しています。

50%以上（2019年同月比）の乗客減と回答した事業者の割合は、2020年3月は大手民鉄と公営が0%、中小民鉄10%でしたが、4月になると大手民鉄19%、公営60%、中小民鉄59%になりました。5月も大手民鉄12%、公営70%、中小民鉄59%でした。

図10　三大都市圏における主要区間の平均混雑率・輸送力・輸送人員の推移

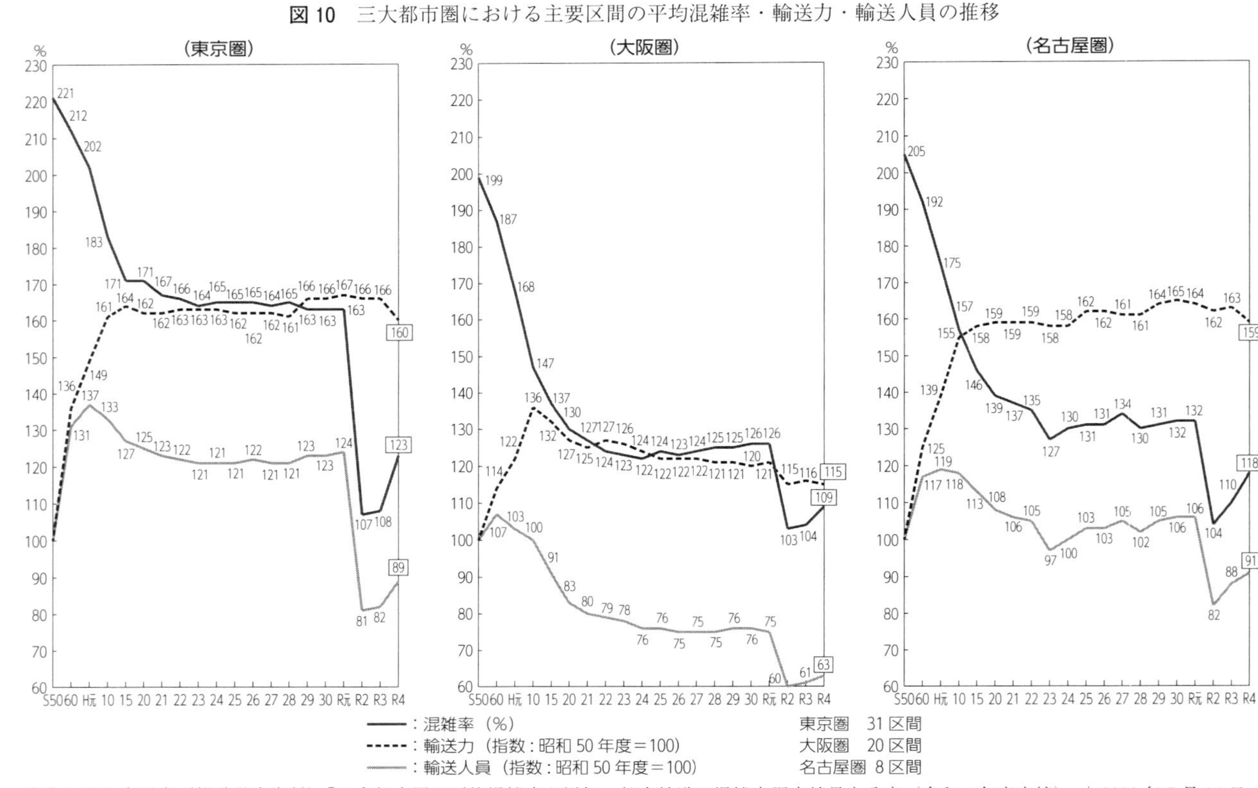

出典：国土交通省（報道発表資料）「三大都市圏の平均混雑率が増加～都市鉄道の混雑率調査結果を公表（令和4年度実績）～」2023年7月14日

※大手民鉄は、東武、西武、京成、京王、小田急、東急、京急、東京メトロ、相鉄、名鉄、近鉄、南海、京阪、阪急、阪神、西鉄の16。公営鉄道は、地方公営企業法に基づき鉄軌道事業を行っている札幌市、函館市、仙台市、東京都、横浜市、名古屋市、京都市、神戸市、福岡市、熊本市、鹿児島市の11。中小民鉄は、国土交通省の「関係業界の影響について」では142。

路線バスの輸送人員は、すでに見たように2020年4月と5月は約50%減少していました。このデータは全国平均しかありませんでした。これと比較して、鉄道の輸送人員50%減少とした事業者をみると、大手民鉄で50%減少は19～12%の事業者だけですが、公営と中小民鉄では59～70%の事業者が該当します。公営・中小民鉄は、路線バスの全国平均以上の率で乗客を減らしました。

基準を30%以上の減少率にまで広げて、事業者の割合をみると、2020年は多くの事業者が継続的に影響を受けたことがよくわかります（表4）。

乗客が30%以上減少した事業者は、2020年4月には大手民鉄100%、公営100%、中小民鉄93%です。ほぼすべての事業者が深刻な乗客減に直面していました。

表4　乗客減少率30%以上の事業者の割合（2019年同月比）

		1月	2月	3月	4月	5月	6月	7月	8月	9月	10月	11月	12月
2020年	大手民鉄			6%	100%	100%	31%	25%	12%	56%	7%	6%	50%
	公営			27%	100%	100%	90%	60%	50%	40%	10%	9%	70%
	中小民鉄			41%	93%	94%	46%	38%	45%	41%	18%	18%	39%
2021年	大手民鉄	50%	25%	7%	13%	47%	14%	7%	25%	75%	0%	0%	0%
	公営	70%	50%	38%	50%	70%	50%	30%	70%	70%	0%	0%	0%
	中小民鉄	39%	33%	29%	36%	49%	39%	30%	56%	66%	19%	17%	8%
2022年	大手民鉄	6%	13%	6%	0%	0%	0%	6%	0%	0%	0%	0%	0%
	公営	30%	44%	20%	0%	0%	0%	0%	10%	0%	0%	0%	0%
	中小民鉄	18%	35%	26%	21%	17%	11%	12%	14%	26%	8%	8%	6%
2023年	大手民鉄	0%	0%	0%	0%								
	公営	0%	0%	0%	0%								
	中小民鉄	6%	5%	3%	5%								

出典：国土交通省「新型コロナウイルス感染症による関係業界への影響について」2020年3月末まとめ～2023年4月末まとめのデータより筆者作成

2020年を全体としてみると、鉄道の乗客減少は、大都市圏よりそれ以外の地域が深刻でした。大手民鉄は大都市圏と重なります。減少率の差の要因として、大都市圏では日常移動において、鉄道以外の選択肢がない乗客が多いことが想定できます。

コロナ禍で2年が経過した2022年4月以降も、中小民鉄では乗客減少率が30%以上の事業者が存在し続けていました。他方、大手民鉄、公営では7月、8月を除いて存在しませんでした。このことは、一部の中小民鉄の乗客減が深刻だったことを示しています。

4. JR「ビジネスモデル」の崩壊

JR各社は、大都市圏や新幹線の収益によって地方の不採算路線を維持しています。この「ビジネスモデル」がコロナ禍で危機に陥りました。大都市圏の乗客が減少して、利益が失われれば、地方の路線を支える余力がなくなります。

JR旅客6社で1日の平均乗客数（輸送密度）が1km当たり4千人未満の路線の割合は、2019年度の41%から2020年度57%に増加しました。4千人未満という数値は、廃線基準として、1980年代の国鉄民営化時にバスへの転換の目安でした。

大都市圏の乗客が戻らない状態がさらに続けば、もともと乗客の少ない地方路線の苦境はさらに深刻になります。

2023年5月に行われた事業者アンケートでは、69%が「鉄道利用がコロナ前に戻ることはない」と回答しています（『日本経済新聞』の全国95社調査）。とくに在宅勤務の普及などにより、「多くのローカル線で通勤・通学需要が直撃を受けた」と分析しています。「勤務形態などは完全にコロナ前には戻らない」（ひたちなか海浜鉄道）との意見が聞かれました。

第2節　移動手段を替える

社会のなかの移動そのものが全体として減少することと、移動で利用する手段が変化することは異なる現象です。

人の移動が減少したことでバス・鉄道の乗客は減少しました。しかし、その理由は、移動の減少だけでなく、「密」を避ける行動でもありました。そのため、他者と乗り合わせる集団的な移動手段の利用が減る一方で、接触しない個人的な移動手段の利用が増加しました。とくにコロナ以前に比べて電車・バスの利用が減った人、自家用車の利用が増えた人が多くなっています（図11）。

自転車、徒歩が増加した人の比率は低い一方で、自家用車利用の増加した人（増加＋やや増加）が目立ちます。またその推移を見ると、次第に比率が高くなっています。

第1項　自 家 用 車

コロナ禍では自家用車の利用が増加しました。

駐車場予約アプリの調査では、通勤で駐車場を利用する回数が急増していました。29歳以下の若者に限定した数値ですが、「車移動が増えた」との回答は約4割にのぼりました（Webアンケート2021年3月）。

公共交通の便利な地域でも、マイカーの利用が増加しました。京都市の資料に基づいた報告によると、2010年から2019年にかけて、鉄道利用者数は約14%、バス利用者数は約17%増加する一方、マイカーを利用する観光客の割合は28.9%から9.0%へと大きく減少していましたが、2022年にはマイカー利用率が14.1%に増加していました。

直接的なデータではありませんが、75歳以上の高齢者の運転免許自主返納者数は2019年35万428人から2020年29万7,452人に減少し、2023年には26万1,569人になっています。高齢者は感染すると重症化しやすいこともあり、公共交通を避けようとした行動変化と関連している可能性があります。

自動車分担率（自動車が移動手段に占める割合）

「通勤・通学者」に限ったデータですが、国勢調査（2020年10月実施）の「通勤・通学者（15歳以上）の利用交通手段」をみると、通勤通学者の総数は、

図 11　移動手段の変化（2020 年 4 月～2021 年 12 月）

手段	時期	増加	やや増加	変わらない	やや減少	減少	利用していない
電車やバス	2020年4月	1.2	2.1	16.8	10.0	30.7	39.2
	6月		1.7	22.3	14.4	24.7	36.1
	9月	1.7	4.0	26.9	13.2	23.0	31.2
	12月	1.7	3.5	28.6	13.5	24.5	28.3
	2021年3月	1.8	3.1	30.2	14.3	24.1	26.5
	7月	1.3	3.0	27.8	12.4	27.0	28.5
	9月	1.2	1.9	25.2	14.1	29.2	28.5
	12月	1.6	2.8	28.4	15.3	25.1	26.8
タクシー	2020年4月		1.8	12.8	3.7	10.0	71.2
	6月		1.6	13.2	3.8	8.4	72.8
	9月		2.5	20.5	6.4	9.0	61.0
	12月		2.0	18.4	6.4	11.3	61.3
	2021年3月		2.9	22.7	5.3	9.5	59.0
	7月		3.3	18.1	4.7	11.9	61.4
	9月		2.4	18.5	4.8	12.0	61.7
	12月	1.0	2.2	20.8	5.0	10.4	60.6
飛行機	2020年4月		1.2	6.9	3.2	10.7	77.9
	6月			7.4	3.0	10.2	78.3
	9月		1.7	12.0	6.1	14.9	64.9
	12月		1.5	12.9	5.8	15.5	64.0
	2021年3月		1.4	14.7	6.1	17.9	59.5
	7月		1.1	10.1	4.9	19.7	63.9
	9月			9.2	4.6	20.4	64.7
	12月		1.1	10.3	5.5	18.6	64.0
自家用車	2020年4月	4.1	7.4	38.4	10.8	11.5	27.9
	6月	3.8	7.4	44.9	10.9	7.6	25.5
	9月	4.7	12.7	47.0	7.2	4.7	23.8
	12月	6.7	11.9	45.9	6.6	4.8	24.1
	2021年3月	6.4	12.0	47.7	6.6	4.1	23.1
	7月	10.0	13.2	44.4	6.1	3.9	22.4
	9月	10.6	14.5	42.8	6.0	3.6	22.4
	12月	10.2	15.5	43.8	5.5	3.1	21.9
自転車	2020年4月	3.3	6.0	31.6	6.3	6.3	46.6
	6月	3.0	6.0	31.3	5.5	5.0	49.2
	9月	3.4	6.8	35.2	5.2	3.1	46.2
	12月	3.5	6.8	33.4	4.8	4.2	47.3
	2021年3月	3.5	8.3	35.5	4.4	3.3	45.1
	7月	4.6	7.8	31.8	3.8	3.0	49.0
	9月	4.2	8.3	31.7	4.0	3.2	48.7
	12月	5.0	8.0	32.6	3.8	2.6	48.1
徒歩	2021年7月	6.7	14.3	56.9	7.4	4.5	10.2
	9月	6.5	14.1	56.4	6.8	4.7	11.4
	12月	7.7	15.7	55.3	6.5	3.6	11.2

（%）

注：1.0% 未満は表記省略、徒歩は第 5 回調査（2021 年 7 月）から調査。

出典：久我尚子　ニッセイ基礎研究所「データで見るコロナ禍の行動変容（4）─移動手段の変容～公共交通機関からパーソナル手段へのシフト」

表5　通勤通学時の利用交通手段（9区分・全部または一部で利用）

利用交通手段(全国)	2000年		2010年		2020年	
総数	62,105,123	100.0%	58,423,465	100.0%	57,152,761	100.0%
徒歩のみ	4,610,418	7.4%	4,019,123	6.9%	3,999,367	7.0%
鉄道・電車	15,429,198	24.8%	14,499,980	24.8%	14,575,628	25.50%
乗合バス	5,384,039	8.7%	4,325,477	7.4%	3,890,283	6.8%
勤め先・学校のバス	892,821	1.40%	664,521	1.10%	684,451	1.2%
自家用車	29,067,858	46.8%	27,757,768	47.5%	28,315,168	49.5%
ハイヤー・タクシー	238,873	0.4%	130,742	0.2%	123,057	0.2%
オートバイ	2,021,141	4.5%	2,259,606	3.9%	1,597,038	2.8%
自転車	10,786,139	17.4%	9,335,605	16.0%	8,137,003	14.2%
その他	893,405	1.4%	802,308	1.4%	806,368	1.4%

出典：各年国勢調査の通勤通学時利用交通手段
注：同じ人が二種類、三種類等の交通手段を利用しているケースがあり、この場合は、複数カウントされているので、合計は100%にはなりません。
出典：公益財団法人自転車駐車場整備センター「【第10回】国勢調査からみる通勤通学時の自転車利用の動向①」

20年間で約500万人減少しました。2000年6,210万5,000人、2010年5,842万3,000人、2020年5,715万3,000人と推移しています（表5）。

他方、自家用車を利用する人（通勤通学の一部または全部で）は、2000年は2,906万8,000人、2010年は2,775万8,000人と減少した後、2020年は2,831万5,000人に増加しています。通勤通学者の総数は減っているので、自家用車を利用する人の割合は2000年46.8%、2010年47.5%、2020年49.5%と増加しています。

別の国土交通省データから、コロナ禍で交通手段の分担率の変化（2015年と2021年の比較）をみると、自動車と徒歩が増加し、鉄道、バス、二輪車が減少しています。「平日」「休日」ともに率は異なるものの同様な変化になっています（『令和5年版交通政策白書』80頁）。

以上から、コロナ禍で移動手段の自家用車へのシフトは、数値的にはわず

図12　都市の人口密度と自動車分担率（1999～2015年）

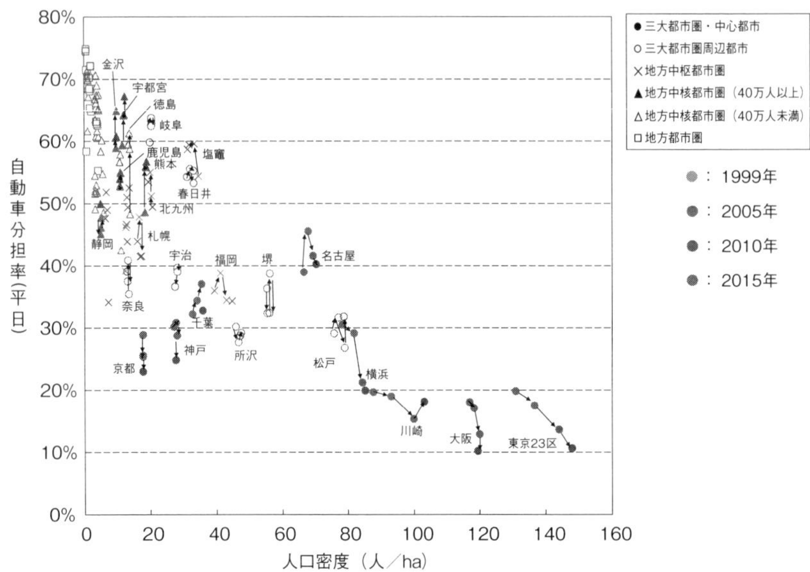

資料：国土交通省都市局作成

出典：『令和5年版交通政策白書』7頁

かですが、確実に起きていました。

自動車分担率の地域差

自動車分担率は地域によって異なります。コロナ禍以前の長期的推移をみると、もともと自動車分担率の低い大都市で、次第に低下していました。逆に、人口密度が低い地方都市ほど経年的に分担率が高くなっていました（図12）。

図12のデータは2015年までですが、コロナ禍で大都市の自動車分担率が上昇に転じ、地方都市ではさらに高まった可能性があります。

第2項　自　転　車

自転車活用推進法と推進計画

政府は、コロナ禍以前から自転車の活用を提唱していました。

2018年6月には「自転車活用推進計画」、2021年5月には「第2次自転車活用推進計画」が閣議決定されました。第2次計画は「コロナ禍における通勤・配達目的での自転車利用ニーズの高まり」を受けて前の計画を強化したものでした。

この計画は、「自転車活用推進法」(2017年5月1日施行)に基づいています。法律の「目的　第一条」には、「極めて身近な交通手段である自転車の活用による環境への負荷の低減、災害時における交通の機能の維持、国民の健康の増進等を図ることが重要な課題である」と書かれ、国の責務等や自転車活用推進本部(本部長は国土交通大臣)の設置も規定されました。

パンデミックは、まさに第1条に明記された自転車推進の目的(環境負荷低減、交通機能維持、国民の健康)へ向けて取り組むべき時期でした。

新型コロナウイルス感染症対策本部(本部長:首相)は、とくに自転車通勤について次のように決定していました。

「職場への出勤は、外出自粛等の要請から除かれるものであるが、特定都道府県は、まずは在宅勤務(テレワーク)を強力に推進する。職場に出勤する場合でも、時差出勤、自転車通勤等、人との交わりを低減する取組を今まで以上に強力に推進する」(「新型コロナウイルス感染症の基本的対処方針」2020年3月28日、4月7日改正)

自転車活用推進本部は、「自転車活用推進企業」宣言プロジェクトを創設(2020年4月3日)して、企業などに働きかけました。

実際に自転車への転換は起きたのでしょうか?

コロナ禍での自転車利用の増加

「都市のオフィス街では、自転車通勤をする人の姿が目立つ」「外出自粛が求められるなか、生活に欠かせない買物や仕事で出かけるときの移動手段として自転車への関心が高まっている」との報道がありました(『日本経済新聞』2020年5月2日)。実際に、自転車の売上が増加して、品薄が続いていることも確認されていました。

自転車通勤を認めるようになった企業は、2020年2月26%から同年5月

64% に急拡大しました（国内大手法人 152 社、2020 年 5 月調査）。

また、自転車通勤が認められたらそうするかを聞いた調査では、「したい」28.9%、「したくない」55.3%、「分からない」15.8% となっていました（au 損保による調査、2020 年 6 月）。自転車通勤したいという回答が 3 割近くあったのは、自転車が有効な代替手段である証拠です。

実際に自転車に変えた人では、コロナの影響で自転車に乗る機会が増えたとの回答が 29% ありました（SBI 日本少額短期保険株式会社、2020 年 10 月）。別の調査で、通勤通学時は自転車に変えたという回答は 23% ありました（しらべえ編集部）。

以上のように、いくつかの報道や調査は、自転車への関心が高まったこと、実際に自転車利用が増えたことを示しています。

しかし、2020 年の国勢調査は、通勤通学に限ったデータですが、逆の結果を示しています（表 5、57 頁）。

国勢調査の調査時点は 2020 年 10 月でしたので、コロナ禍でほぼ半年経過した時期です。それによると、自転車を通勤通学の全部または一部で利用する人の割合は、2020 年が 14.2% で、2010 年 16.0% から減少しました。2000 年は 17.4% でしたので、20 年間減少傾向が続いています。

自転車利用者の割合は地域により異なります。自然条件や他の交通手段の存在の影響を受けるためです。自転車に適した自然環境（平地が多い、積雪が無い）の多い県や、大都市のある都府県では、自転車通勤通学の比率が高くなります。20 年間の長期的な推移をみると、利用の低下傾向は東北地方などで顕著で、大都市のある都府県では低下がわずかです。2020 年国勢調査では「自転車のみ」で通勤通学の割合が、すべての都道府県で低下しましたが、東京都や大阪府などの落ち込みは少ないという結果でした。

自転車利用に関する矛盾した調査結果は何を示すのでしょうか？

自転車利用が増えたといういくつかの調査からは、都市などの一部地域や人の移動の一部での増加でした。しかし、通勤通学に限定されたデータですが、日本全体の平均データである国勢調査の結果を踏まえると、通勤通学の手段を変えるほどの大きな変化はありませんでした。その原因に触れる前に、他の国では自転車へのシフトがあったのかを簡単に紹介します。

海外における自転車奨励策

海外の都市では、自動車の交通量が減り大気汚染が改善したことを受け、積極的な奨励策が実施されました。

ミラノでは、自動車利用を抑制する整備計画を作成し、市内の道路 35km を、歩道や自転車専用道に変更することを決めました。ニューヨークでは、いくつかの通りを車の通行禁止にし徒歩や自転車を奨励しました。ニューオーリンズ、サンフランシスコ、フィラデルフィアでは、自転車店を必要不可欠なビジネスと位置づけて、他の職場が閉鎖された間も営業を続けられるようにしていました。また医療従事者やその他の必要不可欠な労働者が無料で乗れるレンタル自転車を提供する取り組みもありました（国際交通フォーラム・OECD の報告書）。

フランスでは、自転車での移動が 2021 年には 28% 増加（2019 年比）しました。最近の動きとしては欧州議会が 2023 年 2 月に「EU 自転車戦略」を採択しています。自動車から自転車への転換を推進する目的から、自転車道路などのインフラ整備や自転車産業の育成を進め、2030 年までに自転車走行距離を 2 倍にする目標を掲げています。

自転車への支援政策

日本ではコロナ禍でも、在宅勤務だけでなく自転車通勤を奨励し通勤の混雑を緩和することが目標とされていました。しかし、政府が実際に行ったのは、主に個人や企業の自主的努力を呼びかけることでした。欧米が自動車の走行を限定してまで自転車走行の安全対策を実行し、インフラ面への公共投資という具体的政策を実施したのに比べると、日本の自転車政策はきわめて不充分で、複数の調査結果に現れた自転車へのニーズを現実化するチャンスを逃したと考えられます。

第 3 節　収入の減少

第 1 項　バ　　ス

路線バス事業者の経常収入は、2019 年度 7,240 億円から、2020 年度 5,431 億円、2021 年度 5,865 億円と大きく落ち込みました（図 6、46 頁の棒グラフ）。

三大都市圏とその他地域はどちらも 2020 年度は大きく落ち込みましたが、両者には大きな差があり、その他地域の収支率は危機的状況でした（図 13）。2021 年度の経常収支率は、前年度から 7.8 ポイント回復したものの 81.0% でした。三大都市圏 88.7%、その他地域 69.9% と差があります。

2021 年度の黒字事業者は 6%（13 者）しかありませんでした（保有車両 30 両以上の 218 事業者に占める比率）。

図 13　乗り合いバス事業者の経常収支率の推移（2007 年度から 2021 年度）

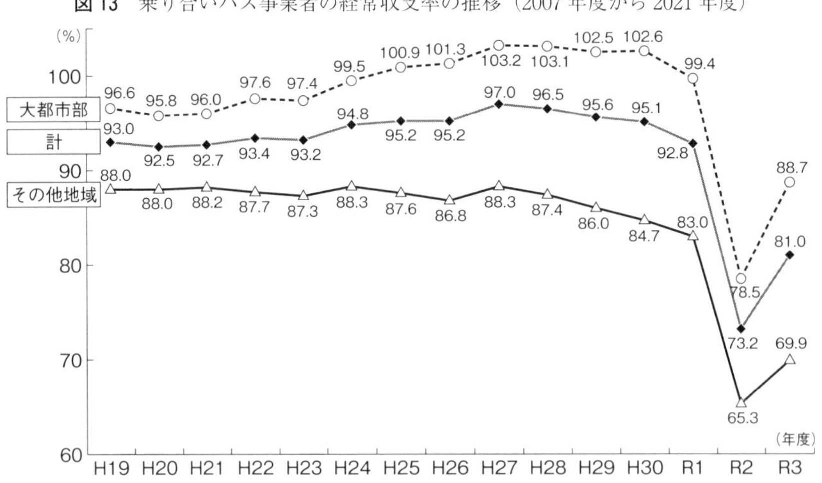

出典：公益社団法人日本バス協会『2022 年版（令和 4 年度）日本のバス事業』16 頁

減少率ごとに整理した事業者の割合

国土交通省は、運送収入の減少について、減少率（2019年同月比）ごとに整理した事業者の割合（回答した事業者に占める割合）のデータを公表しています。それに基づいて路線バスの運送収入の減少の推移をみてみます（表6）。

運送収入が30%以上減少（2019年同月比）した事業者の割合は、2020年4月91%、5月には93%に達しました。その後やや回復して9月27%、10月12%、11月10%となりましたが、2021年には再び30%以上減少の事業者が増加し、1月には45%になっています。2021年は増減しながら9月に55%となった後は回復していきます。2022年1～3月に増加した後は、回復傾向となりますがそれでも30%以上減少の事業者が存在し続けました。

高速バス、貸切バスの運送収入減少率については詳細は紹介しませんが、全体として路線バスの運送収入の減少率より大きくなっています。また高速バスは、貸切バスよりも運送収入の減少率が大きい事業者の割合が高くなっています。

以上の数値から、各地の多くのバス事業者は深刻な経営危機に陥っていたことが確認できます。とくに収益源である高速バスの収入を失ったことは、バス会社に大きな影響を及ぼしました。北陸地方の例では、富山地方鉄道（富山市）の2021年3月期連結決算では、最終損益が29億円の赤字となり、前年同期よりも赤字が26億円増加しました。北陸鉄道（金沢市）では、高速バスの収入減が影響したのが原因で20億円の最終赤字となりました。

表6　路線バス運送収入が30%以上減少（2019年同月比）した事業者の割合

	1月	2月	3月	4月	5月	6月	7月	8月	9月	10月	11月	12月
2020年	—	—	—	91%	93%	60%	32%	43%	27%	12%	10%	20%
2021年	45%	42%	29%	29%	53%	41%	26%	54%	55%	16%	14%	18%
2022年	30%	51%	26%	14%	15%	14%	14%	17%	21%	9%	7%	7%
2023年	16%	9%	8%	5%								

出典：国土交通省「新型コロナウイルス感染症による関係業界への影響について」2020年3月末まとめ～2023年4月末まとめのデータから筆者が作成

第2項　鉄　　道

国土交通省が毎月公表してきた「関係業界の影響について」(2020年3月末まとめ～2023年4月末まとめ) では、鉄道事業者の運送収入が掲載されていません。

鉄道の収支状況については全国的なデータ集計がないため、定期券収入の減少とJRの収支状況を紹介します。

通勤定期利用者の減少

鉄道ではテレワークが増えた影響で定期券収入が大きく減少しました。

JRと私鉄大手18社の2021年4～12月期の定期券収入は7,380億円で、2019年同期から約2,200億円も減少しました。原因は、企業が定期代を支給しなくなったことや通勤費を実費精算に変更したことでした。「コロナが収束しても在宅勤務の流れは変わらず、定期券利用が戻らない」(東急) と予測されていました。

東京メトロは定期外収入がほぼコロナ前に戻ったにもかかわらず、定期券収入は2023年4～9月には2019年同期の約8割 (626億円) にすぎない状態でした。

IRいしかわ鉄道 (石川県の第三セクター) では、2022年度の1日あたり平均の通勤定期利用者数は2019年度比で約22% 減少したままです。他方、通学の定期利用者数は約8% 減にまで回復していました。石川県の担当者はその原因を、テレワークや車通勤にシフトした客が、鉄道に戻っていないためとみています。

JRの区間別の収支

JR四国の区間別の収支状況 (2022年度) をみると、売上高 (乗車券などの営業収益) から営業費を差し引いた営業収支は、瀬戸大橋線以外はすべて赤字でした。全8路線 (18区間) の全体の損失額は、コロナ禍前の2019年度と比べると49億円悪化し、180億円でした。

JR 東日本では、乗客が少ない地方 34 路線の営業収支（2022 年度）が、648 億円の赤字でした。

JR 西日本は、1km あたりの 1 日平均利用者数（輸送密度）が、2,000 人未満（2019 年度）の路線の収支を公表しています。この 17 路線 30 区間の営業収支（2020～2022 年度の年度平均）は 237 億 8,000 万円の赤字となっています。

第 4 節　減便・廃止、運転手不足、運賃値上げ

第 1 項　減便・廃止

1. 路 線 バ ス

2010 年以降、路線バスの完全廃止されたキロ数は最低の年度でも 842km、2019 年からは 1,500km 前後になっています（図 14）。

2021 年 9 月をもって、多くのバス路線が廃止されました。

たとえば岡山県の両備バスは 2 路線の廃止届を提出（2021 年 10 月）、北海

図 14　路線バスの廃止キロの推移（2010～2021 年度）

（単位：km）

	完全廃止
2010年度	1,720
2011年度	842
2012年度	902
2013年度	1,143
2014年度	1,590
2015年度	1,312
2016年度	883
2017年度	1,090
2018年度	1,306
2019年度	1,514
2020年度	1,543
2021年度	1,487
計	15,332

出典：『令和 5 年版交通政策白書』32 頁

道中央バスは、旭川駅前から芦別駅前の 40km 以上を廃止し、今後は両市の市境に乗り継ぎバス停を置き、各自治体が運行することになりました。コミュニティバスも全国で廃止の動きがみられました。

2023 年になってもバス事業者は深刻な状態が続いています。

帝国データバンクによると、路線バス運行業者の約８割が 2023 年中に１路線以上の減便・廃止を実施しています。調査対象は 30 路線以上を有する 127 社の約１万 4,000 路線です。このうち約１割の路線で減便や廃止による影響が及ぶ可能性があると推計しています。ほぼすべての都道府県におけるバス路線で減便・廃止が実施され、首都圏でも、郊外と郊外を結ぶ路線や早朝・深夜便を中心に減便や廃止が多くみられました。

大阪府の金剛自動車は、運転手不足を理由に 2023 年 12 月 20 日をもって全線を廃止しました。自治体からの補助の申し出も断り、会社自体を閉鎖しました。

北海道中央バスは、運転手不足を理由に、2023 年 12 月のダイヤ改正で、約 630 便を廃止、短縮、減便しました。札幌圏を中心に２路線 50 便を廃止し、12 路線約 280 便を短縮、300 便減便しました。

事業者の団体である日本バス協会は、2023 年 11 月に自民党本部で「バス危機突破総決起大会」を行い、人手不足と燃料高で減便・廃止が続いている深刻な状況を訴えています。

2. ＪＲの減便

コロナ禍によって、JR では乗客が少ない路線が増加しました。

輸送密度が 2,000 人未満の路線の割合は、2019 年度 31% から 2020 年度は 39% へ上昇しました（JR 旅客６社の輸送密度ごとの路線の割合、新幹線を除く）。

2022 年３月のダイヤ改正で、JR 東日本と JR 西日本は、会社発足以降で最大規模の運行本数削減を実施し、大都市の鉄道も減便しました。

JR 東日本では、平日１日あたり走行本数 239 本の減少、走行距離ベースで 3% 減少となりました。朝の通勤時間帯では、首都圏の在来線などの本数を削減し、新幹線も定期列車を 7% 減らし、需要に応じて設定する臨時列車の割合を増やしました。

鉄道ビジネスは、車両や線路などの設備、その保守などの固定費が高いため、必要車両数が最も多い平日朝の運行本数を減らすことで、保有車両数を削減できるという事情がありました。

鉄道各社は、テレワークの増加による通勤客減少を理由に挙げています。需要は「良くてコロナ前の9割を前提に考える」（JR東日本・社長）のが妥当と判断してダイア改正をおこなっています。

運行規模の縮小で不便になり、さらに乗客が減るという悪循環が生まれる懸念があります。

第2項　運転手不足

バス事業者は、減便や廃止の理由として運転手不足を挙げています。

2021年度のバス運転手は約11万6,000人で、コロナ前の2019年度から1万5,000人以上減少しました。日本バス協会の2022年の調査では、2023年度の運転手は約11万1,000人で約1万人不足し、2030年度は9万3,000人にまで減る見込みです。現在の路線を維持した場合には、3万6,000人の運転手が不足します。北海道では運転手不足が深刻なために、鉄道代替としてのバス路線の議論が停滞しています。

運転手不足の要因としては、コロナ禍だけでなく、低賃金、拘束時間の長さ、2024年4月以降の時間外労働の規制などが挙げられます。これらの要因は互いに関連しています。

バス事業は、長年にわたって乗客が減少し赤字経営が続いたことから、運転手の賃金が低く抑えられていました。そこにコロナ禍による乗客減、運賃収入減が追い打ちをかけたことで、運転手が一気に減りました。

バス運転手は、平均年収404万円で、会社員の496万6,000円（男女計、学歴計、産業計、賞与込み）をかなり下回っています（厚生労働省『2022年賃金構造基本統計調査』）。

その勤務は、通勤・通学ラッシュに対応して不規則で連勤もあります。加えてコロナ禍とその後の需要回復で、大型二種免許保有者を、路線バスだけでなく、観光バスや物流トラックとで、奪い合っているという状況もあります。

運転手の課題は、長時間労働と低賃金で、若い運転手が集まらないことです。コロナ禍でバス事業者の経営が打撃を受けたために、労働条件の改善も困難となっています。このため、従来からの過疎地や乗客の少ない路線だけでなく、都市部でも減便がみられるようになりました。

第３項　運 賃 値 上 げ

コロナ禍に加えて、運転手不足と賃上げ、燃料費の高騰から、路線バス、鉄道、タクシーで値上げの動きが広がっています。

2023年の路線バス値上げ件数は、６月末時点で、前年度の３倍になりました。

2023年３〜５月には、JRや大手私鉄が軒並み運賃を値上げしました。JR四国の値上げは、27年ぶりでした。

ただし地方鉄道は全体として、運賃値上げに慎重でした。乗客が減少している状況で、客離れを招きかねない値上げに慎重な事業者が多く、ある調査では値上げを予定・検討しているという回答は２割に過ぎませんでした（『日本経済新聞』の全国95社調査、2023年５月）。

2023年には、燃料高もあり、各地でタクシーの値上げも相次ぎました。６月には広島、岡山、青森、山形などで値上げがあり、石川県では15年ぶりに値上げがありました。

第５章　国土交通省のコロナ危機対応

第１節　交通事業者への財政支援策

移動の制限により、経済の各分野で需要減が起こりました。

とくに旅行需要が落ち込んだために被害の大きかった分野である交通への財政支援が、多くの国で実施されました。事業者の短期的な財政的存続可能性が危機に陥ったため、雇用を守り、混乱を緩和する必要がありました。各国で、銀行融資に対する国の保証、従業員の給与補助、現金の支給、手数料や支払いの免除などが実施されました。

日本の交通分野への支援策はどのようなものだったでしょうか？

第１項　持続化給付金・雇用調整助成金

国土交通省が、国による財政支援の活用として例示していたのは、まず持続化給付金や雇用調整助成金です。しかしこの２つは、交通分野に特化した支援策ではありませんでした。

前者は、中小企業庁による給付金制度で、売上が前年同月比で50％以上減少している事業者を対象に、中小法人等の法人に200万円を上限に、現金を給付するものでした。給付金の額は少なく、対象となる業者は限定されたものでした。

後者は、厚生労働省の助成金で、経営悪化で従業員が解雇されないための支援策です。失業の予防が目的です。「新型コロナウィルス感染症の影響に伴う特例」が設けられ、事業活動の縮小を余儀なくされ、休業手当や出向による雇用維持の場合に助成されました。交通分野で雇用調整助成金を給付された事業者のデータをみると、貸切バスの事業者の経営が相対的に深刻でした。

特例により条件が緩和されたことは意義がありましたが、交通事業者の雇用に特化したものではありませんでした。現在の運転手不足を考えれば、危機が深刻であった地方の中小事業者への直接的な財政支援が必要でした。

第2項　国土交通省予算による財政支援

国土交通省が独自に行った他の財政支援（2020年度）は次の3つです（『令和3年版交通政策白書』）。

1. 感染防止対策

まず、感染拡大防止対策（2020年度第2次補正予算）の取り組みへの支援です。2020年度第2次補正予算で約138億円の予算を確保し、地域公共交通事業者が十分な感染拡大防止対策を講じることができる目的のものでした。

2.「ポスト・コロナを見据えた地域公共交通の活性化・継続」

2020年度第3次補正予算で約305億円の予算を確保し、感染症対策のための新技術の活用や観光事業者との連携などを通じた収支の改善等を図る取り組みに対して支援されました。

①地域公共交通の活性化に向けた新たな取り組みの後押し

「補助対象例（補助率1/2等）」として挙げられるのは「デジタル技術の導入にかかる経費」、「地域におけるMaaSの構築」、「新たな取組の実証運行に要する経費等」でした。この支援の問題点は、補助率1/2という点、さらに新規事業だけを対象にしていたことです。

②地域公共交通確保維持改善事業

この事業の中では、「既存補助路線の維持（特例）（欠損額増大の補助対象額への算入、路線バスの要件緩和）」と「鉄道車両の更新、ノンステップバス等の導入」があります。

要件緩和については、バス等への補助金の例外措置を実施しました（「事務連絡」2021年3月16日付け）。その内容は、補助金交付のための「交付要綱」と「事業実施要領」の規定への一時的な例外措置として、実績輸送量が「輸送人員減少等により15人を下回ったとしても」補助対象外としないというものでした。乗客減でも補助するという措置でした。

この措置は地域公共交通への直接的な財政支援ですが、あくまで「補助要件」の緩和にすぎませんでした。乗客減少で深刻な危機にある事業者や自治体に対する補助金の増額ではありませんでした。

③観光需要受入のための環境整備

「観光需要の取り込みに積極的に取り組む交通事業者」に対する支援です。多言語対応の強化、無料Wi-Fiサービスの提供拡大等が挙げられています。補助対象例をみると、「魅力ある車両の導入」などです。新規投資関連ばかりで、経営危機への直接支援ではありません。

これらの他に、交通事業者の経営と雇用に関連する財政支援策としては、国土交通省・観光庁のGo Toトラベル事業があります。この事業の目的、成果について考えてみます。

第２節　Go Toトラベル

通勤・通学という日常移動は減少しても基本的に維持されました。しかし観光旅行は壊滅的でした。その影響は公共交通の乗客・収入の減少に直結しました。2020年５月の「家計調査（二人以上の世帯）」によると、「宿泊料」は97.6%減、「パック旅行費」は95.4%減（2019年同月比）でした。

Go Toトラベル

2020年４月16日に出された緊急事態宣言が５月25日に解除された後で、７月からGo Toキャンペーンが実施されました。国内旅行代金を補助するGo Toトラベルと、飲食店で使えるポイント・食事券を支給するGo Toイートがありました。委託費用が約3,000億円、そのうちGo Toトラベルは1,895億円という巨額なものでした。

Go Toトラベル事業は、旅行代金の35%（上限は１人１泊１万4,000円、日帰りは１人7,000円）を割り引く内容でした。2020年10月１日からは、旅行代金の割引に加えて、旅行代金の15%分の地域共通クーポンが付与されました。同時に東京発着の旅行が加わりました。

訪日外国人旅行者数は2020年2月以降大きく減少し、2020年全体で前年比87.1％減（412万人）と大幅に落ち込みました（『令和3年版交通政策白書』14頁）。Go Toトラベルは、これによる観光産業への打撃を和らげる目的で国内旅行を刺激する政策でした。

その効果が現れたのか、貸切バスの運送収入の減少率（2019年同月比）は、2020年の10～12月には一時的にやや回復しました。

このことが示すのは、Go Toトラベル政策によって旅行需要が刺激され、交通事業者の運送収入の減少が緩和されたことです。しかし、この政策が鉄道・バスで県をまたぐような長距離移動を促し、感染対策とは矛盾するというマイナス面を持ったことは否定できません。

2020年10月末から感染が再び拡大し、12月には首都圏を中心に過去最多の感染状況となり、Go Toトラベルは一時停止されます。2021年1月に再び緊急事態宣言が出されます。3月に宣言は解除されますが、変異株の感染が増加したことで4月には緊急事態宣言が繰り返されます。

この間に国は、Go Toトラベルに替えて、地域観光事業支援（県民割）を2021年4月から実施しています。同一県内の旅行を対象に旅行代金の50％、5,000円を上限に、さらに2,000円上限のクーポン券を国が支援しました。その効果もあり、2021年10月から12月は、ふたたび旅行需要が刺激され運送収入の減少が緩和されました。

宿泊や長距離移動を促す旅行需要の刺激策には、批判も起こりました。しかし政府は、コロナ禍でほぼ一貫して観光を支援する姿勢を継続しました。この姿勢は東京オリンピックの開催にも現れていました。

なぜ観光が特別視されたのでしょうか？　観光庁の存在や「観光立国」という国の政策からでしょうか？

国土交通省によれば、観光産業は「広範な経済波及効果や雇用誘発効果が期待される産業」と位置づけられます。旅行業、ホテル・旅館等の宿泊業のほか、運輸業、娯楽施設、小売店・飲食店、製造業など、幅広い分野に及んでいます。

Go To トラベルや県民割は、観光による広範な波及効果を考慮して実施されたのでしょう。コロナ禍で観光産業全体への支援という政策が継続されました。観光客が公共交通で移動すれば事業者の収入が増加します。しかし、この方法に対しては、経営が苦しい企業に現金の直接給付をすべきだという批判がありました。交通事業者の経営に対しては、直接の財政的支援は限られていました。

旅行業、宿泊業、公共交通事業（旅客運送業）は、もともと国土交通省が所管している分野です。これらの業界は、ともにコロナ感染症で大きな打撃を受け、Go To トラベルから恩恵を受けました。しかしこの支援は、交通事業者にとっては、旅行業や宿泊業と異なり、実際に利用者が増えることでのみ収入が増える間接的な施策でした。旅行者が自家用車で移動すれば運賃収入は増えません。事業者とくに地方の中小事業者への現金の直接給付が必要でした。

公共交通（旅客運送）事業の中でもとくに Go To トラベルの恩恵から外れた分野があります。それは路線バス、コミバス、地方鉄道です。

そもそも日本語で「トラベル」は、非日常な移動をイメージさせます。日常生活の移動手段はトラベルを支援する対象から外れていたのです。観光のような余暇の移動を、割引料金で促進して交通事業者を支援する政策は、新幹線などの長距離交通事業を潤しても、日常移動（買い物、通院、通学、通勤など）のための近距離交通事業への支援にはなりません。

そもそも国は地域公共交通から徐々に手を引いてきました。

地方自治体を事細かく誘導する国庫補助制度は残しつつ、この分野の維持・確保は、地方自治体の責任としてきました。

日本では、交通を担当する省庁の仕事の中で「地域公共交通」は、もはや主要な分野ではないのです。国土交通省の交通政策の中心は、国土の幹線部分に関わるものです。具体的には、新幹線、リニアなどの移動手段や、自動車のインフラとなる主要道路です。したがって国土交通省の交通事業支援策が「トラベル」支援になり、日常的移動への支援でなかったのは当然なのかもしれません。

国は自治体に役割分担だけを押しつけて、自主的財源の保障をしないままです。自治体の多くは、コロナ禍で危機にある地域公共交通を、制限された財政状況の中で支えています。

第３節　地域公共交通関係予算

「地域公共交通関係予算」の推移をみると、「2022 年度補正予算＋2023 年度当初予算」の総額は、約 1,300 億円で、前年度比約 1.8 倍となっています（図 15）。コロナ禍で地域公共交通への支援予算は強化されましたが、その内

図 15　地域公共交通関係予算等の支援措置

R 4 補正予算＋R 5 当初予算：総額約 1,,300 億円（前年度比約 1..8 倍）

○地域公共交通確保維持改善事業
・エリア一括協定運行事業
・交通 DX・GX
・共創モデル実証プロジェクト

○観光庁計上予算（交通事業者支援）
・交通による観光地の高付加価値化事業
・インバウンド受入環境整備事業

○社会資本整備総合交付金
・「地域公共交通再構築」を追加
・「市街地整備」の「都市・地域交通戦略推進事業」を拡充

○財政投融資
・財政資金を活用して鉄道・バス・タクシー等の DX・GX 出融資制度を創設

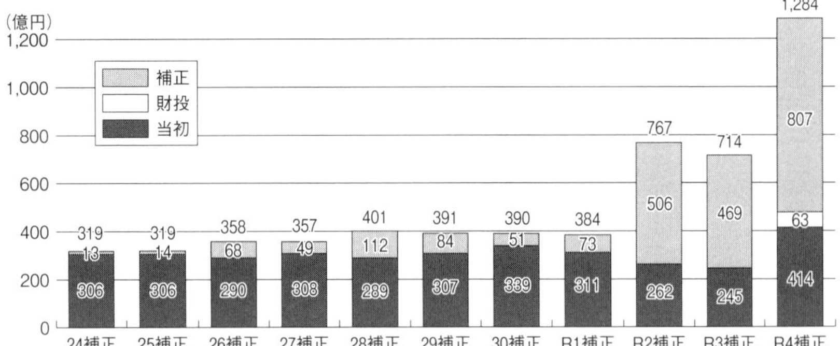

出典：国土交通省「令和５年版交通政策白書（案）について」

容はどうだったでしょうか？

支援措置は、4つのグループに分類されています。

①地域公共交通確保維持改善事業：エリア一括協定運行事業、交通DX・GX、共創モデル実証プロジェクト

②観光庁計上予算（交通事業者支援）：交通による観光地の高付加価値化事業、インバウンド受入環境整備事業

③社会資本整備総合交付金：「地域公共交通再構築」を追加、「市街地整備」の「都市・地域交通戦略推進事業」を拡充

④財政投融資：財政資金を活用して鉄道・バス・タクシー等のDX・GX出融資制度を創設

本来の支援策である①地域公共交通確保維持改善事業には、乗客減による運賃収入減少を補填する直接の補助金の増額はありません。この事業の2023年度概算決定額は206億9,200万円で前年度と同額でした。この地域公共交通確保維持改善事業の「地域間幹線バス交通・地域内フィーダー交通の運行」という基本的な支援の柱は、車両購入等の支援になっています。そのほかには、「エリア一括協定運行事業」、「交通DX・GX」、「共創モデル実証プロジェクト」など、新たな取り組みへの支援も含まれています。コロナ禍で赤字の事業者に、新たな取り組みを促すのは支援策として適切ではありません。

他の支援措置②～④は、観光、インフラ整備、財政投融資による融資であり、地方の事業者の赤字経営を補填する性格のものではありません。

図15の「約1,300億円で前年度比約1.8倍」という数値は、この②～④を含むものであり、「地域の実情に応じた生活交通の確保維持」などの事業である①の予算額は、206億9,200万円（前年度と同額）に過ぎないのです。

第２部　法制度の理念と現実の移動格差

移動は生活を豊かにしてきました。しかし、現実には「移動の格差」が存在しています。居住地・所得・性・年齢・健康状態など多様な要因があります。この格差は、日本だけでなく世界中にあります。

そこで移動の権利・交通権という思想が生まれました。すべての人に平等に移動を保障するという考えです。

しかし、権利が法律に明記された国でも、実際には移動の格差は軽視されました。とくに都市と農村の格差が残りました。その原因は、財政政策や税制度が現実に対応しなかったことにあります。

以下では、フランスの法制度と日本の基本条例について検討します。

第6章　フランスにおける法制度の歴史：権利と格差

フランスでは、2019年12月に移動（モビリティ）基本法が公布されました。この基本法の名称となった「モビリティ」は、交通から移動への視野の拡大を表現しています。従来の交通権は移動の権利に、交通税は移動税に変更されました。

新しい基本法の背景には、自家用車なしには移動できない地域の住民から始まった「黄色いベスト」運動がありました。この抗議運動は日本でも報道されましたが、その発端は移動問題でした。ガソリン税増税への反対、日常移動経費の高騰への怒り、速度制限強化への不満、車に替わる移動サービスへの要求などでした。

政府による温暖化対策、自家用車利用抑制の政策への反発の背景にあったのは、公共交通の地域格差でした。車に常備することが義務付けられた「黄色いベスト」は、車に依存する地域と住民のシンボルだったのです。

2019年の移動基本法は、この抗議運動への対応でした。法律の制定と前後して、政府は、郊外や農村部での自家用車依存、地方鉄道より高速鉄道を優先してきた政策を見直す姿勢を見せるようになりました。

フランスの交通権という理念は、1982年の基本法で明記されて以来、およそ40年の間、公共交通政策の前提でした。では、なぜ交通権の国で、公共交通に地域格差があったのでしょうか？

第1節　権利の理念の限界について

フランスの交通権・移動の権利と交通税・移動税からは、公共交通の理念と実態が乖離しているという日本にも共通する課題が明らかになります。

第１項　法の理念としての交通権・移動の権利

公共交通政策の目的は、すべての人の移動および移動の選択肢の保障ですが、これは高い理想です。この理想に向かって、国・自治体はつねに移動の平等に配慮すべきです。

交通権とは、どこに住んでいてもすべての人が持つ権利です。法律の条文にこの権利が書かれていなくても、移動の保障は平等でなければならないことを否定する人はいないのではないでしょうか？

交通権は1982年の国内交通基本法の第１条と第２条に書き込まれました。その後、条文の文章は、何度か加筆修正されています。

1982年の条文は次のようでした。

第１条には、「国内交通システムは、地域社会にとって最も有利な経済的・社会的条件の下で、利用者のニーズを満たさなければならない」と始まり、「これらのニーズは、すべての利用者に移動する権利、その手段を選択する自由、(略) を実現するための措置の実施によって満たされる」と、書かれていました。

第２条では、公共交通の利用は合理的な条件で可能であること、移動能力が低下した人、社会的に不利な立場にある人、アクセスが困難な地域にいる人は、特別の手段、適応した措置の対象となること、が書かれていました（表7）。

その後の改正（一部は省略）

1999年改正では、第１条に「環境的条件」「持続可能な開発」「リスク、事故、迷惑行為とくに騒音、汚染物質の排出、温室効果ガスを制限または削減するという目的を尊重しつつ」の文言が追加されました。

2005年には、第１条に「移動能力が低下した人や障がいを持つ人を含む」の文言が、「すべての利用者が持つ移動する権利」の前に追加されました。また第２条では、「移動能力が低下した人」の後に「およびその同伴者」が追加

表7　国内交通基本法（1982年）の交通権に関する条文

第1条（1982年12月31日から1999年6月29日まで有効） 「国内交通システムは、地域社会にとって最も有利な経済的・社会的条件の下で、利用者のニーズを満たさなければならない。システムは国の統一と連帯、国の防衛、経済と社会の発展、地域のバランスのとれた整備、国際貿易とくに欧州貿易の拡大に寄与する。これらのニーズは、すべての利用者が持つ移動する権利、その手段を選択する自由、ならびにすべての利用者が自分の荷物の輸送を自分で行うか、自分の選択した団体または企業に委託する能力、を実現するための措置の実施によって満たされる。」 第2条（同） 「交通の権利の漸進的な実現により、利用者は、特に公衆に開放された交通手段を利用して、アクセス・品質・価格および自治体の費用の面で、合理的な条件の下で移動することができる。 この精神に則り、移動能力が低下した人のために特別な手段を講じることができる。 社会的に不利な立場にある人々、特に島嶼地域や遠隔地、アクセスが困難な地域にいる人々は、その状況に適応した規定の対象となることができる。 交通の権利には、利用者が利用できる手段やその利用条件について知らされる権利も含まれる。」

出典：法令条文サイトLégifranceの交通法典Code des transportsより筆者作成

されました。

2019年基本法以前の最後の改正であった2010年は、文言の削除などの内容でした。「国内公共交通システム」が「交通システム」に、「すべての利用者」が「すべての人」に変更されました（2019年の基本法による条文改正については第2節参照）。

第2項　格差の現実：都市部に限定された税

交通権・移動する権利という理念は、約40年間にわたりフランスの公共交通政策の前提でした。1982年にはすでに、「アクセスが困難な地域にいる人」や「その状況に適応した規定の対象となる」という文言も書かれていたのです。

しかし、権利を法律に書き込んでも、すべての人の移動に向けた具体的政策が必要です。それは住民の要求や自治体予算によって結実します。

フランスの移動税の弱点

移動税は企業（雇用主）に課税される地方税です。

具体的には、従業員11人以上（2016年1月1日以降）の、民営および公営の企業が課税対象となり、自治体が税率を決定します（法律が定める最大税率の範囲内）。

この税は、自治体の実施する公共交通政策における収入の43%を占めています。日本と異なり、国からの補助金は1%にすぎません（図16）。

図16は、首都圏を除く189の移動組織機関によるモビリティ関連の経常・投資支出の合計額に基づくデータです。金額は、移動税40億8,000万ユーロ（6,528億円。1ユーロ160円で計算）、自治体一般予算28億1,700万ユーロ（4,507億2,000万円）、運賃収入14億4,800万ユーロ（2,316億8,000万円）、国の補助1億2,200万ユーロ（195億2,000万円）、借入金11億3,800万ユーロ（1,820億8,000万円）となっています。

しかし、移動税には弱点がありました。そもそも、都市交通のための資金

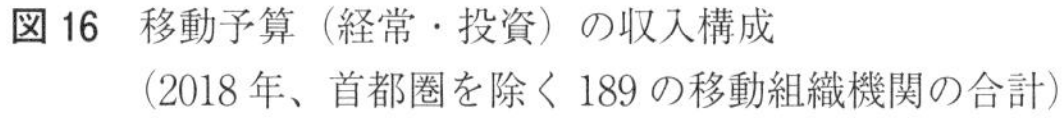

図16　移動予算（経常・投資）の収入構成
（2018年、首都圏を除く189の移動組織機関の合計）

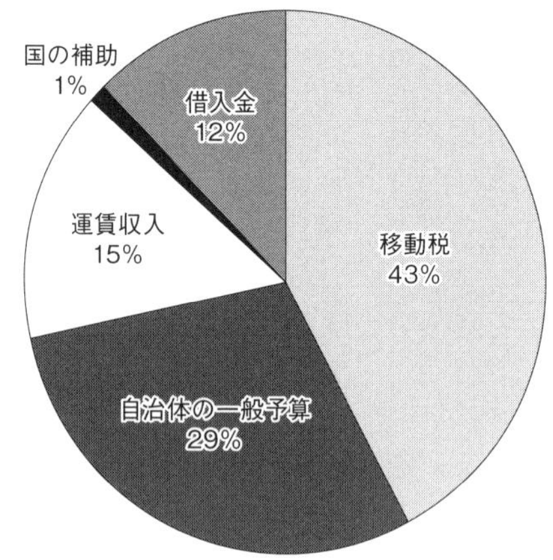

出典：交通省インフラ・交通・モビリティ総局作成の公式報告書「公共交通の経済モデルに関する報告」2021年より筆者作成

図17　交通税の空白地：色の薄い部分（2017年1月時点）

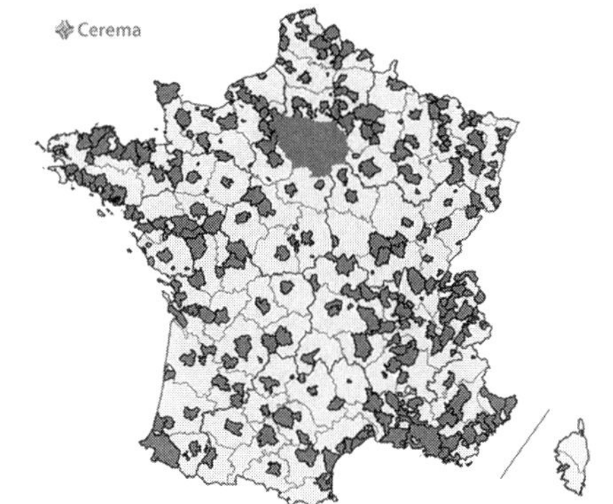

出典：Cerema, Transflash n° 412, février 2018

であり、課税できるのは都市部の自治体だったことです。1982年時点で旧交通税がカバーしていたのは56都市圏のみでした。2012年には236都市圏と増加しました。

フランスの都市交通は充実しています。日本でも新型路面電車（トラム）の整備が注目されてきました。それを可能にしたのは移動税でした。

しかし、移動税を課税できない「税の空白地」（郊外地域や農村）は、多数残りました。2017年1月時点で、このような空白地は国土の4分の3を占め、人口28%（1,880万人）が居住していました（図17）。

移動税は、すべての地域、すべての人をカバーしていなかった点では、移動の権利の理念に一致していませんでした。課税できる地域が制限され、公共交通の地域格差を解消できず、むしろ拡大している面があったのです。

多くの「税の空白地」が存在したのは、一定数の従業員がいる企業への課税であることにも関連しています。課税対象である従業員11人以上の企業は、都市部に偏っているからです。

移動税の空白をカバーした広域自治体

「税の空白地」の公共交通は、見捨てられていた訳ではありません。別の形で保障されていました。

1982年の基本法は、「非都市」の交通を組織する権限＝責任を、広域自治体である県が持つと定めました。現在は州に移管されています。

都市交通は基礎自治体（市・市連合）、それ以外の「非都市」の交通は、広域自治体（県・州）が、権限＝責任を持つという分担関係によって国土すべてをカバーする体制でした。日本と同様にフランスの「非都市」の基礎自治体の財政が脆弱だったためと考えられます。

しかし、広域自治体は移動税を課税できず、他の特定財源も与えられませんでした。県は一般財源からの支出によって、その責任を果たしました。

フランスの法制度では、自治体が地域の公共交通を組織する権限＝責任を持っています（交通法典L1231-1条）。この権限＝責任の規定こそが、移動税とともに、あるいはそれ以上に公共交通整備に大きな意味を持ったのです。

第2節　2019年基本法の内容

第1項　交通権に関する条文の変更

1982年基本法の第1条の条文変更では、まず旧条文の「交通システム」という文言が「地域全体における移動の組織化」に変更されたことがポイントです（表8）。既存の交通網が国土全域をカバーしていないという批判に対応するためでした。

次に、「アクティブ・モビリティの活用を含む」と「座りがちの生活との闘

表8　フランスの交通法典L1111-1条

「地域全体における移動の組織化は利用者のニーズを満たし、移動能力が低下した人や障がいを持つ人を含むすべての人が持つ移動する権利、およびアクティブ・モビリティの活用を含む手段を選択する自由、（中略）を有効にするものでなければならない。これらの目的の実施は、地域共同体にとって最も有利な経済的・社会的・環境的条件の下で、また座りがちの生活との闘いという目的、およびリスク、事故、迷惑行為とくに騒音、汚染物質の排出、温室効果ガスを制限または削減するという目的を尊重しつつ、行われる。」

出典：法令条文サイトLégifranceの「交通法典」Code des transportsより筆者作成

い」という追加された文言も重要です。アクティブ・モビリティとは人の運動能力を使う移動手段（自転車など）を指しています。

交通法典 L1111-1 条の文言は、公共交通機関から、より広い移動手段への視野の拡大という基本法の核心部分です。

2019 年の法改革の全体像を簡潔にまとめると、郊外や農村における多様な移動政策、地域格差に配慮した移動政策を目標としていることです。具体的には、①定期公共交通、②オンデマンド交通、③通学交通、④徒歩・自転車、⑤自動車の相乗り、⑥福祉的移動サービスの６つの分野です。

第２項　基本法の問題点

2019 年基本法は、交通に関する重要な転換となりましたが、同時に大きな欠陥もありました。それは、議員が提案した、移動税の課税対象の拡大や新税は見送られ、新たな財源となる税制について明確にしなかったことです。

採択されなかった議員提案

基本法案の審議過程では、これまで移動税を課税できなかった基礎自治体（市共同体）が課税できるようにする議員提案がありました。

既存の移動税の枠組みを拡大し、納税義務のなかった約 23 万の事業所が新たに課税され、支払う義務のある事業所数（現行は約 29 万）がほぼ倍増する内容でした。

新たに課税対象になるのは、「非都市」地域の規模が小さい事業所のため、軽減税率（賃金総額の 0.1～0.3％）を適用するものとし、１事業所あたり平均年間 1,000 ユーロ（16 万円、１ユーロ 160 円で計算）未満という少額に設定されていました。これにより自治体は、全国で 8,000 万～２億 4,000 万ユーロ（128～384 億円）の追加収入が得られる見込みでした。

第7章　日本の法制度

第1節　法　　律

地域公共交通に関する自治体の法律上の権限＝責任はあいまいです。財源とともに、この点が大きな問題です。

第1項　地域公共交通の活性化及び再生に関する法律

「地域公共交通の活性化及び再生に関する法律」（2007年。以下、活性化・再生法）の第二条は、地域公共交通を次のように定義しています。

「地域住民の日常生活若しくは社会生活における移動又は観光旅客その他の当該地域を来訪する者の移動のための交通手段として利用される公共交通機関をいう。」

このような公共交通機関は、日常の生活における近距離の移動手段です。

地域公共交通の提供の確保に取り組むのは、都道府県と市町村です。活性化・再生法では、この地域公共交通に関して、自治体の「努力義務」を定めています。参議院法制局の解説に拠れば、「努力義務」という文言は、「規定自体が理念的・抽象的であるなど強制になじまない場合」などに使われます。「努めるものとする」などと表現され、「なければならない」のような「義務規定」と異なります。

第四条で、都道府県の「努力義務」は次のように定められています。

「各市町村の区域を超えた広域的な見地から、必要な助言その他の援助を行うとともに、市町村と密接な連携を図りつつ主体的に地域旅客運送サービスの持続可能な提供の確保に資する地域公共交通の活性化及び再生に取り組むよう努めなければならない。」

市町村の規定は、次のように定められています。

「公共交通事業者等その他の関係者と協力し、相互に密接な連携を図りつつ主体的に地域旅客運送サービスの持続可能な提供の確保に資する地域公共交通の活性化及び再生に取り組むよう努めなければならない。」

活性化・再生法では、国にはサービスの提供の確保に取り組む「努力義務」はありません。地域公共交通を「実施」する「努力義務」はないのです。具体的には次のように定めています。

「必要な情報の収集、整理、分析及び提供、助言その他の援助、研究開発の推進、人材の養成及び資質の向上並びに関係者相互間の連携と協働の促進」

国の役割には、自治体のための財源確保や財政支援は含まれていません。

第２項　交通政策基本法

2013年に交通政策基本法が制定されました。この法律では、自治体の「責務」という文言が使われています。国や自治体の「責務」を定めた法律は多くあります。「責務」という法律用語の意味は、参議院法制局の解説に拠れば、「果たすべき役割を宣言的に規定するもの」とされています。

地方公共団体の責務は第九条で次のように書かれています。

「地方公共団体は、基本理念にのっとり、交通に関し、国との適切な役割分担を踏まえて、その地方公共団体の区域の自然的経済的社会的諸条件に応じた施策を策定し、及び実施する責務を有する。」「2　地方公共団体は、情報の提供その他の活動を通じて、基本理念に関する住民その他の者の理解を深め、かつ、その協力を得るよう努めなければならない。」

国の責務は第八条で次のように書かれています。

「国は、第二条から第六条までに定める交通に関する施策についての基本理念（以下単に「基本理念」という。）にのっとり、交通に関する施策を総合的に策定し、及び実施する責務を有する。」「2　国は、情報の提供その他の活動を通じて、基本理念に関する国民等の理解を深め、かつ、その協力を得るよう努めなければならない。」

この交通政策基本法では、「活性化・再生法」と違って、国は交通の施策を「実施」する「責務」があるとしています。しかし２つの法律を合わせて評価すると、国の「責務」から、「地域公共交通」の実施は除外されていることになります。これが自治体と「国との適切な役割分担」（第九条）の意味です。

「責務」は「果たすべき役割の宣言」の規定であると解釈されています。この法律上の「責務」は、フランスの法律が定める自治体が持つ権限＝責任と違って曖昧です。

フランスでは、自治体が移動を組織する権限＝責任を持つと定められています。自治体は、公共交通・移動サービスに投資し、路線・運賃などを決定しています。それが組織する権限＝責任の内容です。日本では、国土交通省（地方出先機関）が保持している交通事業者に介入する権限を、フランスでは自治体が持っているのです。地域公共交通の法制度の課題は、地方分権制度の問題と結びついていると言えます。

第２節　自治体基本条例とその意義：区域内の格差の存在

日本における地域公共交通に関する基本条例とその意義を検討します。

第１項　地域公共交通に関する基本条例

地域公共交通に関する基本条例は、2023年９月時点で全国14市区町と奈良県で制定されています。その目的は、公共交通の維持、利便性向上、利用促進、空白地域対策などです。

日本初は、金沢市で2007年４月１日に施行されました。その主目的は、公共交通の利用促進になっています（表９「金沢市における公共交通の利用の促進に関する条例」）。

そもそも公共交通の基本条例を持つ自治体は少数ですが、その条文に「権利」を明記することには総じて慎重です。移動をする権利という文言を書き込んでいるのは、熊本市です。その条例の前文は次のように表現しています。

「市民は日常生活及び社会生活を営むために必要な移動をする権利を有するとの理念を尊重」(「熊本市公共交通基本条例」2013 年 4 月 1 日施行)。

基本条例の背景

基本条例の背景には、公共交通の危機があります。民間の路線バスが減便・撤退して、不足・不便になったエリアをカバーすることが課題になりました。そのため従来の路線バスとは異なるコミバスなどの取り組みが、自治体主導で始まりました。最初のコミバスである武蔵野市ムーバスは、1995 年 11 月に開業しています。

自治体内に交通不足・不便地域ができた背景は、山間地の集落の人口減だけではありませんでした。周辺部・郊外に住宅地が広がったためです。この郊外化・周辺部の宅地化は、自動車の普及や定時定路線の公共交通を前提にしていました。

しかし、周辺地域の人口減・高齢化と自家用車の普及によって、民間の交通事業者は減便・撤退を始めます。自家用車が普及しても公共交通は欠かせません。生徒・高齢者・障がい者など自動車を運転しない人たちが必ず存在するからです。

民間事業者に任せるだけで、問題は解決できず自治体が対応せざるをえなくなりました。

第 2 項　理念と格差の現実

1. 基本条例の理念

基本条例は、政策の理念や基本的方向性を明示するものです。

金沢市は、地域公共交通の基本条例における先駆者です。条例の内容は、マイカーから公共交通への転換や公共交通の利用促進を前面に打ち出したという評価があります。

基本理念（第 3 条）は、市民の日常生活における移動の利便性向上で、公共交通の利用促進が実現すること、その目的が環境への負荷の少ない社会実現

表9　金沢市における公共交通の利用の促進に関する条例（第３条・第４条・第12条）

（基本理念）
第３条　公共交通の利用の促進は、公共交通が市民の日常生活における移動のための手段としてその利便性の向上が図られること及び市民によって積極的に利用されることを基本として行われなければならない。
2　公共交通の利用の促進は、公共交通が環境への負荷の少ない交通手段であることを認識し、環境への負荷の少ない社会への実現に資するものとして行われなければならない。
3　公共交通の利用の促進は、安全かつ快適に歩くことができるまちづくりや駐車場の適正な配置と相まって、金沢のまちの魅力を高め、にぎわいの創出に資するものとして行われなければならない。
4　公共交通の利用の促進は、地域の特性に応じて、市、市民、事業者等の相互の理解と連携のもとに、協働して行われなければならない。
（市の責務）
第４条　市は、前条に規定する基本理念（以下「基本理念」という。）にのっとり、公共交通の利用の促進に関する総合的かつ計画的な施策を策定し、及び実施しなければならない。
2　市は、基本理念にのっとり、前項の規定により策定する施策に市民及び事業者の意見を十分に反映させるよう努めるとともに、その施策の実施に当たっては、これらの者の理解と協力を得るよう努めなければならない。
3　市は、基本理念にのっとり、公共交通を事業として営む者（以下「公共交通事業者」という。）の当該事業の状況を踏まえ、公共交通事業者その他関係機関と協力しながら、公共交通の利便性の向上に努めるものとする。この場合において、特にまちなか区域においては、公共交通の利用によって円滑な移動を行うことができるよう配慮するものとする。
（交通不便地域における地域交通計画）
第12条　山間地域その他の交通が不便であると認められる地域の住民により組織される団体で、自主的な運営により当該地域における交通手段を確保しようとするもの（以下「自主運営団体」という。）は、当該地域における交通手段に関する計画（以下「地域交通計画」という。）を策定することができる。
（中略）
5　市長は、地域交通計画に基づく当該地域における交通手段の確保を図るため必要があると認めるときは、当該地域交通協定の締結に係る自主運営団体が行う当該地域交通計画の具現化のための取組に協力するものとする。

であること、を書いています。また、歩くことができるまちづくりや駐車場の適正配置の政策で、まちの魅力、にぎわいにつなげるという文言から、市中心部の利便性重視が特徴です。

市の責務（第４条）は、施策に市民及び事業者の意見を十分に反映させるよう努めることに加えて、特に「まちなか区域」（中心部）に言及して、公共交通での円滑な移動に配慮する、と書かれています。

基本条例は、山間地域などの交通不便地域についても定めています（第12条）。しかし、そこでは住民の自主運営団体による活動が触れられているだけです。市の役割については住民が作成する交通計画の具現化の取り組みに、市長が協力するとだけ書かれています。「まちなか」の公共交通促進が「市の責務」に明記されているのと対照的です。

2. 格差の現実

金沢市は、基本条例を定めた数少ない自治体のひとつです。しかし、その現状をみると、公共交通の充実は中心部に偏っています。

「まちなか」偏重の公共交通

金沢市の交通政策は一貫して、「まちなか」ゾーンを重視してきました。自治体が運営する100円バス「ふらっとバス」の運行は「まちなか」だけです。しかもこのゾーンは、もともと民間路線バスが充実した区域でもあります。「まちなか」の周辺部には多くの交通不便地域が残されています。

金沢市の公共交通政策が全国的に評価されてきたのは、この「まちなか」ゾーンでの自家用車抑制と公共交通の利便性向上という政策でした。1999年に始まった「ふらっとバス」は、武蔵野市「ムーバス」の４年後にスタートした先進例です。その予算（運行費）は、2012年度8,910万円から2020年度１億2,580万円へと、約3,600万円増加しています。これに対してそれ以外のゾーンの予算は、「地域運営交通支援費」585万円（2020年度）しかありません

「まちなか」が重視された理由は、商店街活性化、施設の集中、観光客の利便性、経済効果を期待できるからです。しかし、市内のすべての地域の特性に応じた、すべての住民の移動の視点から、観光や経済効果の偏重は見直すべきです。

金沢市の公共交通政策の歴史は、一貫して「まちなか」重視でした。2007年3月に策定された「新金沢交通戦略」（目標年次は2015年度）では、市内を4つのゾーンに区分した上で、「まちなか」ゾーンでは「公共交通の利用が原則」としました。達成状況のフォローアップ（2014年度）は次のように書いています。

「歩行者・自転車の安全な交通環境の整備やバス利用環境の改善などは概ね達成したものの、バスの運賃の見直しは未達成であり、交通事業者等との連携が必要」。実際に「まちなか」で、公共交通の利用がどれほど増加したのかは不明です。

「まちなか」に隣接する「内・中環状」ゾーンは、「マイカーがなくても移動可能な水準の公共交通の確保」が目標でした。金沢に住む者からみると、このゾーンで「マイカーがなくても移動可能」というのはかなり野心的な目標です。路線バスの充実だけでなく、便利なコミバスなどを導入しなければ達成できません。2014年度のフォローアップでは次のように書いています。

「交通結節点の機能強化は概ね達成したが、環状バス運行実験では利用が低迷し、本格運行に至っていないなど、利用ニーズに適した公共交通網の構築が必要」。交通網の具体策は、自転車（サイクル・アンド・ライド整備）と「環状バス」の運行でしたが、想定された成果はありませんでした。そもそも市はここに100円バスやデマンド交通を導入するつもりはありませんでした。

金沢市では山間部に限らず、1960年代以後開発され宅地化された周辺部の地域は、自家用車に依存しています。基本条例の掲げるマイカーから公共交通への転換は、これらの地域を対象としていません。高齢化が進めば、事態はさらに深刻になります。

金沢のような地方都市は全国にあるのではないでしょうか？　過疎地の公共交通は話題となりますが、県庁所在市や中核市の市域内の格差は見過ごされがちです。指定都市にさえ市内の外縁に公共交通の不便地域が存在します。都市の郊外地域には新しい移動サービスが求められています（第10章参照）。

第3部　「くるま社会」における移動の保障

地域の住みやすさは、食・医療・教育・仕事・行政が近くにある状態です。

近くにない場合は、アクセスの改善が必要です。もし、自家用車を利用できれば、多くの問題は解決できます。自由に移動できる自家用車は、生活を豊かにしてくれます。

しかし、自動車による移動は、すべての人に平等ではありません。所得、年齢などによって格差が生まれる手段です。また、自動車の利用は様々な問題も生み出します。健康への悪影響や大気汚染、地球温暖化などです（第8章・第9章）。

自治体の交通政策は、すべての人の移動を保障するために、自動車に替わる手段を提供することが求められます。まず、基本的な公共交通である鉄道やバスを整備することです。しかし、決まった時間に決まったルートを走る手段では、沿線地域には便利であっても自治体全域はカバーできません。「線」の交通で「面」はカバーできないため、すべての住民の移動を保障できません。「線」の交通手段は、マイカーの便利さにかないません。「ドアからドア」に近い便利な移動手段を導入しなければなりません。

今後、交通に関する政策は、相乗りサービスや電動自転車などの小型モビリティの提供を含んだ移動政策になる必要があります（第10章）。

第8章　自動車への依存と格差問題

約140年前にガソリン自動車が販売されたころ、「未来は自動車のものだ。それは人間を解放する」というプラス評価がありました。

しかし現在「くるま社会」という言葉は、マイナスの意味で使われます。交通事故や大気汚染がその例です。また体を動かさなくなるなど健康への懸念も指摘されます。

にもかかわらず、バス・鉄道が不便でそれに替わる移動サービスもないところでは、自家用車は生活必需品です。運転をやめることは現実的ではありません。「くるま社会」は全国一律ではありません。移動に自家用車が欠かせない地域で、いかに自家用車の利用を減らすかは大きな課題です。

以下では、まず自動車の運転の是非をめぐる主張を紹介し、自動車の移動手段としての魅力、人が乗り続ける理由を整理します（第1節）。次いで、地域や所得による自動車利用の格差について検討します（第2節）。

第1節　運転を止めるか、続けるか

車の運転をやめようという意見と、逆に運転は続けた方が良いという意見があります。両論を比較してみます。

第1項 「車を捨てよう」という主張

「くるま社会」なのに、車を捨てようというタイトルの本があります。杉田聡『車を捨てて歩く』（2001年）、藤井聡『車を捨ててこそ地方はよみがえる』（2017年）です。

まず杉田氏の議論を整理してみましょう。

タイトルは「歩く」ですが、杉田氏の実際の移動手段は、徒歩だけでなく自転車と公共交通を含んでいます。車については「車なしの生活でも快適だから」「数キロ歩くくらいは平気」と書いています。氏の毎日の通勤時間は徒歩25分です。捨てるメリットは、「お金が増える」「体力がつく」「自然や人とのかかわりが深くなる」「環境を汚さない、資源のムダづかいを減らせる」などです。このようなメリットに沿って本が構成されています。

何よりも杉田氏の主張は、個人の意識や行動変化への問題提起です。その点で大きな意義があります。

他方、居住地の事情、地理的な条件は軽視されています。坂道や雪国での移動では、やはり徒歩は極端な選択肢です。遠距離移動の場合、とくに毎日の通勤・通学は、徒歩では不可能です。大都市ではない郊外や農村地域の日常生活において、車の利用を減らすのではなく、「捨てる」という選択ができる人は、ごく限られた人だけです。

高齢者、障がい者、妊婦などの「移動弱者」への配慮も必要です。

車を「捨てる」のは健康にも地球環境にも最良であるとしても、やはり極端な議論です。

第2項　高齢者は運転免許を返納してはいけない

高齢者の健康という問題意識から、車の運転を進める議論もあります（和田秀樹「70代で運転免許を決して返納してはいけない理由」）。

精神科医の和田氏は、車が運転できれば外出する機会は増えることを根拠に、次のように書いています。

「地方にもショッピングモールや大型スーパーが進出していますので、買い物に車で行っても施設内をかなり歩くので、いい運動になります」、「地方にいて、外出の際には常に車を運転していたような人が運転免許を返してしまうと、ほとんど外に出ることができなくなってしまい、2〜3年で要介護状態になったり、認知症のような状態になったりする可能性が高まります」

約10年間の運転継続と要介護認定との関係を追跡調査した研究（愛知県の65歳以上の男女2,800人）も紹介されています。調査開始から3〜4年で運転をやめた人は、運転を続けた人に比べて、10年後には要介護となるリスクが

2.09倍になりました。また、電車やバス、自転車を利用していた人でも、運転を続けた人に比べて1.69倍の要介護リスクとなっています。

和田氏は、この研究結果から、原因は活動量が落ちたためとしています。ただし活動量のデータは示されていないので、自家用車と他の手段（電車・バス・自転車）を比較した外出の活動量の違いは不明です。運転をやめた人の外出が減ったことは想定できますが、運転の方が他の移動手段より、要介護リスクが少ない理由（活動量）は疑問が残ります。

和田氏は、運転免許返納の根拠とされる高齢者による交通事故についても書いています。70歳代は、事故を起こす割合はけっして高くないという指摘です。この点は筆者も、統計データから論じたことがあります（『長寿社会の地域公共交通』2020年）。

和田氏は、次のように主張しています。

「年齢で一律に区切って、運転免許の更新において制約を課したり、高齢になれば免許は返納すべきといった風潮がつくられていることに私は憤りを感じています」、「運転免許を取り上げられることが、死活問題となる高齢者の人もたくさんいるのです。ご自身が運転をしたくないというのであれば話は別ですが、運転する必要性があり、それを希望しているのであれば、運転免許は返納などけっしてしてはいけません。運転からの引退は、老化を加速させる結果をもたらしてしまうからです」

以上の結論は、基本的に私も賛成です。

しかし、和田氏の議論は、「くるま社会」を前提にしています。それが一番の問題です。ただ、氏の議論は健康に関する問題提起なので、交通や移動を論じている訳ではありません。

和田氏の主張は、高齢者は外へ出よう、移動しようという議論であり、移動手段の選択の議論ではありません。その点で杉田氏とは異なります。また、車での移動自体を奨励している訳でもありません。問題は活動量の低下ですから、車に限らず別の手段でも活動量を増やせば良いのです。

高齢者が「運転を止める」と外出が減るということは常識的に理解可能です。すでに多くの人が体験してきたことです。とくに問題なのは、自家用車を手放すと移動が困難な地域です。このような地域の高齢者に対して、他の手段を提供せずに、運転免許返納を迫ることはやめるべきです。

運転免許返納を促すなら、マイカーに近い別の手段を提供しなければなりません。選択肢があって初めて、運転をやめても外出が減るリスクはなくなります。その時にどれだけ外出するかは、個人の選択になります。

第３項 「利用を控える」: 行動・ライフスタイルの変容

問題提起として、「運転をやめよう」と「運転を続けよう」とを対比して紹介しました。「中間的な」立場として、藤井聡氏の本を紹介します。

藤井氏の本は、タイトルこそ「捨てる」ですが、主張の中身は常識的です。車と「賢く付き合う」、「できるだけ使わない」、「脱クルマ」の部分的な導入などになっています。

たとえば、所有せずに、必要なときにレンタルする（カーシェアリング）、また、車でなくてもいい移動、日常移動の1〜2割を意識し利用を控える、近距離は徒歩・自転車、と書いています。

自治体の取り組み事例として、大きく扱われているのは２つの県庁所在地です。

京都市では、マーケティングで個人に働きかけ成果を上げたと評価しています。肥満などのリスク、事故、家計負担などを広報することで意識を変え、年間に数百万から数千万回の行動変容があり、10万人以上に影響を及ぼしたと書いています。

もうひとつの例に、行動の環境構造を変える取り組みとして、富山市のLRT中心のまちづくりを挙げています。年間延べ100万回以上の規模で、できるだけクルマを使わないライフスタイルへの行動変化があったと評価しています。

さらに小さな地方都市の例として、帯広市ではマーケティング戦略で地元バス会社がＶ字回復したことを紹介しています（黄色いバスの奇跡）。また和歌山市貴志川地区の「猫の駅長・たまちゃん」を、地方鉄道の赤字を７分の１に圧縮した例として紹介しています。

藤井氏の本には、興味深いデータや事例があります。問題なのは、関心が自治体の中の一部地域、とくに街の中心部に限定されていることです。氏の立場はこの点で明快です。郊外地域は「クルマでアクセスしても問題はない」と主張しています。地方都市の郊外や農村部の自家用車依存への対策は論じていません。

しかし、広報やマーケティング戦略で、人の行動を変えるのは簡単ではありません。人の移動行動を変えるには、代替できる選択肢が整備されていなければなりません。

第４項　車の利便性と依存性

自家用車が実現した移動の自由は、とても魅力的です。

便利な道具は、コストや環境負荷など、マイナス面があっても持っておきたいものです。人はたとえ頻繁に使用しないものでも所有したがります。車を持ち、運転できる便利さを手放すことはなかなか困難です。

利　便　性

自家用車の利点を列挙すると、ドアからドアまでの移動ができること、自分でスケジュールを決められること、移動中のプライバシー、天候や地形という障害がないこと、などがあります。とくにドアからドアは、交通手段としての自家用車の強みです。これに対して、バス・電車は、駅・停留所の場所、時刻表・本数（頻度）、ルートが固定されています。

「くるま社会」が発展したのは、駅まで移動する必要がなく、待ち時間や乗り継ぎもない、ドアからドアの直行を可能にしたからです。渋滞がなければ、基本的に最も移動時間が短いのが特徴です。人が公共交通を利用しない主な理由は、「頻度」が少なすぎることであり、必ずしも運賃ではないのです。

依　存　性

車をいったん所有すると、公共交通が便利になっても、手放す人はごく少数です。

車を利用する理由として「電車・バスの利用が不便」を挙げるのは、自動車保有世帯の16％ですが、「車を手放す可能性」については、「公共交通の利便性が向上したら」との回答は2.2％にすぎないという調査結果があります。たとえ、環境保護への意識や関心が高くても、自動車を手放せない人も存在します。このような車利用者の存在は、交通不便の郊外・農村部に限りません。

「くるま依存」は「アルコール依存」に例えられることもあります。自動車のマイナス面を知っていても、便利で楽な手段への依存は簡単には変えられません。

第２節　自動車と格差

第１項　免許のない人・移動が困難な人

日本の運転免許保有者数は1978年に、対象年齢の約50％（ただし女性は30％）に達しました（「国民皆免許時代の到来」、『警察白書　1978年』）。

その後も長期にわたって増加し、人口が減少に転じた後も、緩やかに増加を続けてきました。しかし、2019年末以降、前年比が減少し始めます。2021年末現在、人口比では男性84.0％、女性66.0％です。

この数値は「国民皆免許時代」の現実を示しています。すなわち男女差（とくに高齢者）があることや、比較的少数（男性16.0％、女性34.0％）でも、免許のない人が存在することです。

運転免許保有のジェンダー不平等は、年齢に関連しています。将来はこの差は小さくなる見通しです。しかし現状では、自動車が不可欠な移動手段である地域で、移動に苦労するのは、免許のない高齢の女性であることを忘れてはなりません。

さらに、車の格差では、移動が困難な人（障がい者、高齢者など）の移動という課題があります。解決するには、ドアからドアの移動サービスが必要です。

第2項　地　域　差

1. 自動車分担率

移動手段に占める自動車の割合（分担率）は、人口密度が低い地域ほど高くなります。

自動車の分担率は、三大都市圏では低く、地方都市圏で高くなっています（図12、54頁）。

歴史的な推移（1999～2015年）をみると、東京23区や大阪のような「三大都市圏・中心都市」では、もともと低い分担率がさらに低下してきました。

以上から明らかなことは、自動車への依存から転換するには、地方都市圏や、さらに人口密度の低い地域に対する施策を強化しなければならないことです。

2. 保　有　台　数

自家用車は、1996年に1世帯に1台の時代を迎え（4,481万2,546台、4,483万961世帯）、2006年には、1世帯あたり1.112台で過去最高の普及水準になりました（5,682万4,489台、5,110万2,005世帯）。

2023年3月末現在では、1世帯当たり1.025台になっています（6,174万3,899台、6,026万6,318世帯）。2006年と比べると、台数は約500万も増加し、世帯が約900万増加したため、世帯あたりの台数は下がりました。

台数の増加は大きな問題です。人口減少とともに保有台数は減少し、2050年には5,554万台との予測があります。しかし、この台数は2006年水準に近い数値です。「くるま社会」の状況は、あまり変化しないことを表しています。

世帯あたり保有台数の地域差（2023年3月末）

都道府県別にみると、世帯当たり1台以上普及しているのは39県あります（自動車検査登録情報協会）。

普及上位をみると、福井1.698、富山1.640、山形1.635、群馬1.585、栃木1.563、長野1.549、茨城1.536、岐阜1.530、福島1.528、新潟1.513となっています。

逆に、１台に満たないのは、東京 0.416、大阪 0.623、神奈川 0.678、京都 0.796、兵庫 0.890、埼玉 0.933、千葉 0.940、北海道 0.993 となっています。

市町村別データ（2023 年 3 月末）

人口密度との関係では、都道府県という単位は大きすぎるので、市町村別データもみてみます。

世帯あたりの自家用乗用車台数のランクをみると、上位は、（茨城）筑西市 1.781、（愛知）西尾市 1.691、（群馬）伊勢崎市 1.680、（静岡）掛川市 1.673、福井市 1.660、（石川）白山市 1.659、（群馬）太田市 1.649、（栃木）那須塩原市 1.648、（茨城）神栖市 1.636、（富山）高岡市 1.627、となっています。

下位は、ほとんど東京 23 区です。川崎市 0.444（191 位）、江戸川区 0.432、葛飾区 0.401、練馬区 0.399、大阪市 0.387、世田谷区 0.374、大田区 0.323、板橋区 0.297、江東区 0.291、杉並区 0.285（200 位）、となっています。

以上のデータは、乗用車保有台数の「上位 200 都市」を選んだ上で順位付けしています。したがって人口が小規模のために保有台数の少ない市町村は含まれていません。

第３項 所 得 格 差

「くるま社会」の格差は、地域だけでなく所得においても明確です。自家用車に依存する地域における、低所得者の移動問題はより深刻になります。

日本自動車工業会による調査（2021 年度）によると、四輪自動車を保有していない世帯は首都圏中心部、低年収層、独身期、高齢期で高くなります。このうち低年収層は、首都圏中心部の住民とは違い、車を持ちたくても持てない階層です。

全世帯の世帯年収を５等分（各層 20%）した所得階層区分のデータをみると、乗用車保有世帯は全体平均では、79.1% ですが、「第１分位」の低所得層では、56.0% の世帯しか車を保有していません。逆に「第４分位」「第５分位」では、ほぼ９割の世帯が保有しています（図 18）。

図 18　年収5分位による乗用車保有世帯の比率（2021 年度）

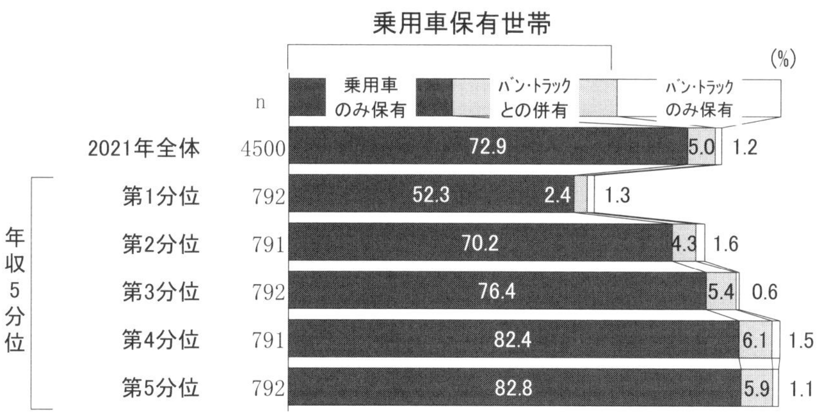

出典：一般社団法人日本自動車工業会「2021 年度乗用車市場動向調査」3 頁

低所得層では、ほぼ半分の世帯は「くるま社会」の恩恵を受けていません。移動の平等のためには、この階層に移動サービスを提供する政策が求められます。

生活保護世帯と自家用車

「くるま社会」なのに生活保護世帯には自家用車を持たせないという冷酷な政策がとられています。国の政策の矛盾を示しています。

職場と保育園への移動に車が不可欠という地域では、生活保護を受ける母子家庭が大きな困難に直面します。

生活保護受給者による処分取消訴訟では、生活保護を受けていても私的な車の運転は不合理ではないとの判例があります（1998 年）。原告の弁護士は「必要に応じて自動車を利用できなければ、健康で文化的な最低限度の生活は成り立ち得ない」と主張しています。日弁連は、生活保護世帯でも生活必需品としての車の保有を認めるべきとの意見書を出しています（2010 年）。

車の所有者は、所得が低いほど、車の購入、維持費が家計支出に占める割合が大きくなります。とくに公共交通が不便な低密度地域では、低所得者の車保有への支援が必要です。自家用車の必要性と低所得者の困難との関係は、

「くるま社会」ができあがっているから生じています。この問題は定時定路線の公共交通では解決できません。「くるま社会」を推進してきた政府は、所得による移動格差を解消する責任があります。

低所得者向けの自動車リース

フランスでも、ひとり親家庭の場合は自家用車がないと、通勤、子供の送迎、買い物、医療機関へのアクセスが困難との議論があります。

2023年末に、上院は、ある法案を全会一致で採択しました。この法案は、廃車予定で状態の良い車を安い価格でリースできるようにするものです。その目的は、自動車に代わる交通手段の確保が困難な地方で、「最も不利な立場にある人」「社会から取り残された人」の移動を促進することです。

すでにこれまでも自治体や民間団体（移動支援団体やレンタル会社など）が、寄付された車を福祉目的の低料金で貸し出し、就職や仕事の支援を行っています。「連帯ガレージ」などと呼ばれています。しかし、現状では、車両保有台数が少なすぎて需要を満たすことができていません。法案はこの状況に対応したものです。

日本でも地域や公共交通の状況から生活必需品になっている場合は、低所得者が自動車を保有するための支援策（安価なレンタルなど）を具体化する必要があります。

「くるま社会」を推進しても、移動の格差はなくなりません。

地域の格差（農村部、郊外）と、個人の格差（所得、免許保有、性、障害、年齢）とが存在します。

車なしに生活ができない地域の問題は深刻です。

自家用車が、手放したくても手放せない地域は、公共交通より道路の整備が優先されてきた地域です。そもそも公共交通事業の経営が困難な地域でもあります。バス・鉄道が不便な地域は自治体の中に点在しています。それに替わる安価で便利な移動手段・サービスを探さなければなりません。

車では移動できない人は少数なので、対策は後回しにされがちです。

自治体は、すべての住民の移動を保障するために、所得、移動能力、免許の有無などに応じた具体的な移動政策を持つ必要があります。

第９章　環境対策から見た自動車

自動車は、気候変動の原因のひとつです。

コロナ禍で人の意識と行動の変化が生まれ、自家用車の利用が増加しました。一人一人による選択が、地球温暖化に影響を与えることになります。

しかし、個人の選択に頼ることでは、自家用車の利用を減らせません。自治体による移動サービスの提供が不可欠です。

以下ではまず、自動車が運輸部門の二酸化炭素排出量に占める比率、旅客運送における自動車の排出量を減らす対策など、自動車のもたらす温暖化と資源浪費について整理します（第１節）。次に「社会的費用」の議論を取り上げ、自動車には道路整備費や、自然環境の破壊などがもたらす費用がかかること（第２節）、国の政策が「くるま社会」を推進してきた問題を検討します（第３節）。

第１節　温暖化・資源浪費

第１項　二酸化炭素排出量

1. 運輸部門の二酸化炭素排出量

日本の二酸化炭素排出量10億6,400万トン（2021年度）のうち、運輸部門は17.4%（1億8,500万トン）を占めています。

内訳をみると自動車が86.8%と大半を占めます。そのうち旅客自動車が47.0%、貨物自動車が39.8%となっています。

運輸部門の二酸化炭素排出量は、2001年度を境に減少傾向となり、2021年度の排出量は、コロナ禍の影響による輸送量の減少などで2013年度比で減少しました。しかし、2020年度と比べると、コロナ禍で落ちこんでいた輸送量

図 19 単位輸送量当たりの二酸化炭素の平均的排出量

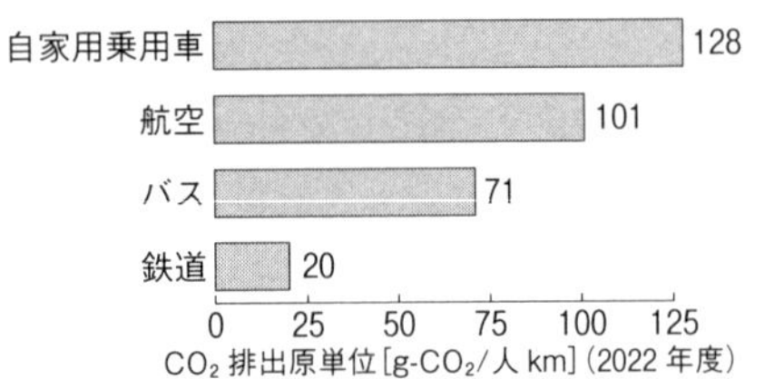

※温室効果ガスインベントリオフィス:「日本の温室効果ガス排出量データ」、国土交通省:「自動車輸送統計」、「航空輸送統計」、「鉄道輸送統計」より、国土交通省環境政策課作成
出典:国土交通省のサイト文書「運輸部門における二酸化炭素排出量」

が増加したことで排出量が増加しています。

自家用車は、1人を運ぶ際に出る二酸化炭素の量という点で最悪の移動手段です。

排出量を輸送量(人キロ:輸送人数に輸送距離を乗じたもの)で割った単位輸送量から、平均的排出量を比較した数値(2022年度)をみると、自家用乗用車は128と最大で、バス71、鉄道20と大きな差があります(図19)。

自家用車は、燃費が改善してきましたが、依然として環境への負荷が大きい移動手段です。「くるま社会」を見直し、自家用車の利用を減らし、他の移動手段へ転換することは、喫緊の課題です。

フランスでは、運輸部門は最大の排出部門であり、全体の30%を占めています。1990年以降、温室効果ガス排出量が増加している唯一の部門になっています。この点についてフランス気候高等評議会は、運輸部門の排出が抑制されていないことを公共政策の欠落であると、強く批判しています。

フランスでは、排出量の削減目標自体はかなり高く設定されています。2050年までに完全にカーボン・フリーのモビリティを目指しています。しかし、運輸部門の排出量を2015年比で28%削減するという2030年までの目標は、現状では失敗に終わっていると評価されています。

2. 都市交通充実の効果

注目すべきは、都市公共交通の充実策では運輸部門の目標達成は不可能という議論です。

フランス政府は、これまで都市圏の公共交通機関の整備を進めてきました。しかし、自動車による総移動距離において、都市圏が占める割合は多くないのです。自動車による、長距離の日常移動は、都市交通網の外側の地域で発生し、自動車の日常移動による温室効果ガス排出量の70％を占めています。

この都市圏の外縁部は、公共政策の盲点になっていました。都市公共交通を充実させると、中心部内での移動や中心部へのアクセスは改善されます。しかし、その地域の住民の移動は便利になっても、社会全体の温室効果ガス排出削減への大きな効果は期待できません。今後は、都市圏と外縁部との間の移動、外縁部内の移動、近隣の都市圏の間の移動への対策が不可欠になります。

指摘されている公共政策の盲点は、日本の移動政策にも当てはまります。

これまで政府は、都市の外縁部のような交通不便地域の公共交通への支援は、自治体に任せてきました。財政力の乏しい自治体は区域内の周辺部の移動は、主に自家用車に委ねてきました。温室効果ガス排出の削減に逆行する政策だったのです。

第２項　資　源　浪　費

1.「１人１台」での利用

１台の自動車を１人で運転して移動する。これは、最も一般的な移動方法になっています。同乗者のニーズに左右されないので最高度に自由な移動です。長距離移動でなければ、個人の移動の理想型です。

しかし、「１人１台」は、社会全体からみれば資源やエネルギーの消費という点で極めて非効率です。資源浪費、環境破壊の原因です。自動車を１人で利用するのは、温室効果ガス排出量からみて最悪の移動方法です。

仮にガソリン車が電気自動車に置き換えられたとしても、「１人で１台」を使用する問題は解決しません。温室効果ガスは減ったとしても、非効率で資源浪費である点は変わらないのです。

2. 97.5%の時間は駐車

自家用車は、ほとんどの時間は駐車場に置かれています。

個人が所有する自動車の年間走行距離の全国平均は、6,600km前後です。乗用車の平均走行速度は時速30km/時と推定されるので、年間の走行時間は約220時間すなわち1日に36分しかありません。職業や個別事情で走行距離や時間は多少の差はあるでしょうが、平均では自家用車は1日の97.5%の時間は、利用されない状態に置かれています。

フランスのデータもほぼ同じです。利用する時間は1日43分だけです。97%は車庫か道路に駐車したままなのです。

営業車（旅客・物流）のデータはありませんが、もっと多くの時間利用されているはずです。これに比べて自家用車は、ほとんどの時間使われない「贅沢品」です。この問題は、電気自動車でも変わりません。

3. 駐車スペースが必要

車にはスペースが必要です。都市の中心部には、大量の駐車場が整備されています。その分だけ歩行空間や緑地が減らされています。

駐車場が便利だと、車でのアクセスが増えるという相互関係になります。

将来、「空飛ぶ車」が登場・普及しても、駐車場は今のガソリン車と変わらず必要であることも忘れてはなりません。しかも、「空飛ぶ車」は、地下には駐車できません。

すでに自動車の利便性と依存性で述べたように、われわれは好きな時に直ぐ移動するために自動車を保有しています。どこかに行きたいと思ったとき、直ぐに出発したいという欲求こそが、運転手だけの車利用や、97%の時間は利用されない状態を生み出しているのです。

第2節　社会的費用の負担

宇沢弘文『自動車の社会的費用』（1974年）は、重要な問題を提起した有名な本です。

自動車を所有する人は、利用に不可欠な費用を歩行者や住民に転嫁して、わずかな代価を払うだけだと主張しています。

社会的費用とはなんでしょうか？　具体的には、次の点を挙げています。

①道路整備や交通安全設備のための費用

②事故による生命・健康の損傷

③公害（大気汚染、騒音、振動）や都市環境（住宅、街路）の破壊

④自然環境の破壊（観光道路による）

⑤混雑による経済的損失

氏の『社会的共通資本』（2000年）では、生産・利用によるエネルギー資源浪費、地球環境の均衡破壊、大気の温暖化なども挙げられています。

宇沢氏は、本来はこれらの費用を自動車の価格に賦課金として上乗せし、道路の使用料も賦課すべきであること、実際には運転者・利用者が、社会的費用を負担せず車の価格は安く抑えられていること、そのため車の需要が際限なく増大することになる、と書いています。

道路や自動車の改良に必要な投資額は、1台あたり200万円、あるいは60万円（走行を幅5.5m以上の道路に限定する場合）との金額も提示されています。この額は、当時の運輸省による試算額（5万8,000円〜6万2,000円）と大きな差がありました。運輸省の試算額は、車1台増加で発生する追加的費用に限定しており、環境に関する社会的費用を考慮しないものでした。

宇沢氏の主張については、賛否があります。

反対論からは、生命・健康・自然環境などを、生産要素や資本と同列に扱っている、という批判があり、賛成の立場からは「汚染物質の計算が不充分」「道路改善、排ガス規制などは車を普及させる」などの批判があります。

しかし、立場によって費用の見積額は違っても、自動車という移動手段は、道路整備などに使う税金を前提としているとの認識は共通しています。マイカー利用には、車を利用しない人を含む国民の税金が使われているのです。その点では税で支えられる公共交通と同じです。自動車には1台あたり巨額の社会的費用が必要なことを、その利用者は意識していません。

もし、宇沢氏の提起が実際の政策に反映されて、車の価格がより高額だったならば、日本のモータリゼーション、大衆への車の普及は、もっとゆっくりとしたものになっていたはずです。

実は、宇沢氏は自動車を否定してはいません。

「適正利用」という言葉を使っています。自動車の利用をゼロにすることは不可能であり、その有害性を減らし、コントロールするという立場です。

また氏は地域の違いにも言及しています。

「都市の場合とは異なって、農村地域における自動車は、さまざまな点から、望ましい」と、意外なことを書いています。ただし懸念として、公共交通サービスの低下、廃止により影響を受ける人（低所得者、老人、子ども、障がい者）の存在を挙げています。

第３節　政策がつくる「くるま社会」

第１項　政治による交通手段の選択

社会を構成している生産と消費の様々な活動は、地理的な空間の中に分離されています。それ故、移動が不可欠です。この需要を満たす交通手段の選択は、技術ではなく政治的プロセスによって決まります。

2023年に営業を開始した宇都宮の新型路面電車LRTは、その整備費が1km当たり47億円と見積もられています。多額の税金を投入したプロジェクトは、技術が基準で選択されたのでしょうか？

選択の基準としては第１に、その交通手段のもたらす経済的便益がコストに見合うのか、です。そして第２には、他の交通手段との比較検討です。

この２つの評価基準は関連しています。LRTのもたらす便益は、その整備費用を上回る可能性があります。そもそもLRTの便益は、経済的・財政的なものだけではなく、環境、健康、生命に関わる分野（宇沢氏の社会的費用）もあります。

さらに、LRTと自動車という手段の比較も必要です。道路にも1km当たりLRTと同等の税金がかかる場合があるという意見もあります。自動車を優先して道路整備をしても同じ経済的便益がある可能性もありますが、この点でも社会的費用を広く考慮すべきです。

宇沢氏と運輸省による費用の試算額に大きな差があった例を紹介しましたが、費用や経済的便益を巡る論争は、数字で決着がつかない問題です。結局、選択される交通手段は、政治プロセスの結果です。したがって、それは市民が変えられるものです。

第２項 「くるま社会」をつくる政策

1. 人口の偏在に対する政策の貧困

人口の地域的不均等、過疎と過密は、公共交通の地域格差を固定化してしまいます。

中央省庁の移転　東京一極集中は、人口の偏在に対する政策の貧困の象徴的な例です。歴代の政府は、東京や他の大都市圏、および県庁所在市への人口集中を逆転させる人口分散に成功していません。

中央省庁の機能を地方に分散するという、政治主導で決断すれば実施できる政策さえ、きわめて部分的で限定的なものにとどまっています。

半島振興法

人口が低密度な地域の交通手段は、地理的条件だけでなく、政府の政策によって決まります。政府が実施してきた地域政策と交通の例として、半島振興法があります。

半島は、「三方を海に囲まれ、平地に恵まれず、幹線交通体系から離れている」地域です（国土交通省「半島振興対策の推進」）。他方で、「海・山・里の多様な資源に恵まれ、海を通じた独自の歴史・文化を」持つ地域でもあります。

このような地域の振興を目的に、産業基盤や生活環境の整備を行うため、1985年に半島振興法が制定されました。現在23地域（22道府県194市町村）が指定されています。

これらの地域の知事は、国交大臣等の同意に基づき半島振興計画を作成しています。計画の内容をみると、「基幹的な道路、港湾、空港等の交通施設」の整備が重視されています。40年近く続いてきた、半島振興は陸路では道路整備に重点が置かれ、自動車を優先するものでした。

実際に現地を訪れると、立派な道路と不便な路線バスが走る地域になっています。住民の生活の足が自家用車にならざるをえない状態は、地理的な条件だけでなく交通手段の選択が自家用車に偏った半島振興策によって作られたと言えます。

2. コンパクトシティ政策の失敗：立地適正化計画

世界の各地では、公共交通と自転車道の整備によって、自動車に依存しなくても暮らせる都市に変えようという動きが見られます。大都市に限れば、その可能性はあります。

他方、日本の多くの地方都市では、中心市街地の空き家、シャッター通り、学校統廃合が課題になっています。

中心部の衰退は、郊外の開発とともに進行してきました。その郊外地域は、農村部と同じく典型的な「くるま社会」です。衰退する中心部では、自動車を使う人を呼び込むために、駐車場を整備充実することで、郊外の車依存を支えています。

日本の都市計画

そもそも1968年に成立した日本の都市計画は、スプロール化を防止するために創られました。

まず都市計画法の対象を限定するために都市計画区域を指定し、この対象を市街化区域と市街化調整区域に線引きする、そして調整区域には厳しい規制を行って市街化を抑制するという手法でした。

しかし今では、多くの専門家が、この都市計画制度の失敗を語っています。失敗は50年以上続いてきたことになります。

都市の「縮小」を目指すコンパクトシティについても、多くの議論があります。

国土交通省では遅くとも2006年頃から、コンパクトシティを都市の理想として明示的に提起していました。しかし、国が主導する「縮退都市政策」も失敗の連続で、惨憺たる結果だと批判されています。

国が2014年に導入した立地適正化計画は、コンパクトシティ・プラス・ネットワークという言葉で、改めてコンパクトシティを強調した計画制度でした。立地適正化計画は、それまでの都市計画にはなかった立地誘導（住宅などの新規立地を誘導）という観点があること、立地誘導と公共交通によるネットワークとの連携を重視したこと、が肯定的に評価されています。

コンパクトシティの理想自体は、大きな意義があります。

日常の移動エリアの広さを問い直すことは重要です。通勤圏や通学圏をコンパクトにできれば、自家用車での移動を減らすことに貢献できます。「買い物圏」や「医療圏」も同じです。

しかし、立地適正化計画制度では、市街化調整区域は居住誘導区域外となり、この計画の対象外とされました。すなわち、この区域の取り扱いについて計画には何も規定がなく、市町村の手に委ねられたのです。そのため市街化調整区域など郊外に就業地や居住地が分散しているような都市では、計画の標榜するコンパクトシティを実現するのは困難になっています。実際にある調査では、2017年末までに立地適正化計画を作成した116市町の29.3%は、市街化調整区域の開発規制を緩めている、と回答していました。立地適正化計画は市街化区域だけを対象に、その区域縮小と人口密度増加を目標とするものでした。計画対象外となる市街化調整区域の規制緩和は、これと矛盾するスプロール化です。

内閣府は2017年9月の時点で、コンパクトシティはすでに「本格的な実行段階に移行」したと書いていました。しかし立地適正化計画の実態は、スプロール化の歯止めにならないものです。

郊外化によって自動車依存は強まり、「公共交通によるネットワーク」とは矛盾するものとなります。

第３項　公共施設の配置に関する政策

教育・医療・行政など様々な施設の空間配置の問題は、移動政策と密接な関係があります。とくに「くるま社会」の低密度地域では、これが通学や通院の困難の原因となります。

各地で投票所が減らされる事態も起きています。自家用車を利用できない過疎地域の高齢者は、投票する機会を奪われ、520万票が「消えた」との試算も出されています。

公共サービス以外でも、通勤（会社・工場）、買い物（ショッピングセンター）などは、各施設の空間配置によって、アクセスの問題が生まれます。車依存の原因にもなります。民間施設の立地に関する自治体の権限は限定的ですが、その空間配置とアクセス確保の課題に取り組む必要があります。

フランスでは４人に１人が、「公的機関から見捨てられた地域に住んでいる」と感じているとの調査結果があります。

原因は、公共サービスのデジタル化に伴い、地域の窓口や施設が閉鎖されていることです。デジタル化への一本化によって、対面でのアクセスに地域格差が生じているため、「公的機関から見捨てられた」という住民の意識が広がっていると批判されています。

日本では、公共サービスとそのアクセス（通学、通院など）は、人権問題とは意識されていません。フランスでは国の人権擁護局に寄せられる苦情の８割以上は公共サービスに関する問題です。教育・医療・行政などの施設へのアクセスは人権問題として考えなければなりません。その上で、移動サービスの整備と公共施設配置をワンセットにした政策が必要です。

第10章　車の利用を減らす：新しい手段・代替サービス

自家用車での移動を減らすには、交通政策と個人の選択の両面での変化が求められます。

とくに自治体の政策が重要です。なぜなら、自家用車の運転・同乗でしか移動できない地域では、他の移動サービスを整備しない限り、住民による自家用車の利用を減らすことは不可能だからです。免許返納だけでは、高齢者の外出が減るだけです。

そもそも大都市圏のように公共交通が整備されていれば、自家用車からの転換を促すことは比較的容易です。しかし、郊外や農村ではどうしたらよいでしょうか？

そのような地域は「くるま社会」であり、公共交通の減便・廃止が続いています。その中で、すべての人の移動をどのように保障するのかが問われています。

車を運転できない・しない人の移動を確保するためには、バス・鉄道を維持することが重要です。しかし、ルートが決まった公共交通を利用できるのは、沿線住民だけです。運行本数や運行区域を増やしてもこの問題は解決できません。

沿線から離れた地域の住民の移動は、自家用車かタクシーにならざるをえません。しかし、タクシーを日々の生活移動で利用できるのは限られた人だけです。地域によってはタクシーが来てくれない地域もあります。週末に中心部で飲食した後に帰宅するには高額のタクシー料金がかかります。タクシーやマイカー以外の移動サービスが提供されていれば便利です。また、気候変動対策、高齢者の移動対策としても自家用車の利用を減らすことが求められています。

公共交通、自家用車に替わる新しい手段・サービスが模索されています。

自家用車の利用を減らす、運転免許を手放すには、同じくらい便利な移動サービスでなければなりません。それは、タクシーに似た手段です。すなわち好きな時に好きな所へ行ける移動手段です。

考えられるのは、次の３つです。

①オンデマンド交通（とくにドアからドアのタイプ）

②乗り合い・相乗り（とくにドアからドアのタイプ）

③アクティブな（身体を動かす）移動手段

①と②は重なる所があります。国土交通省によればオンデマンド交通は「路線やダイヤをあらかじめ定めないなど、利用者のニーズに応じて、柔軟に運行するバス又は乗合タクシー」です（「第２次交通政策基本計画」（閣議決定 2021年５月 28 日）14 頁）。

以下では、オンデマンド交通と乗り合いタクシーを区別して整理、検討することにします（第１〜第２節）。地域全体として車の利用を減らすには、アクティブな移動手段の導入（第３節）、車通勤を減らす対策も必要です（第４節）。その具体的な取り組みについても紹介します。

第１節　オンデマンド交通

オンデマンド交通は、予約に基づいて運行されます。これまで多くの自治体、地域で導入されています。2020 年３月末時点でオンデマンド交通の導入は 566 市町村でした（『令和３年版交通政策白書』182 頁）。

その実態は、運行エリア、登録制の有無、予約方法（予約の利便性の程度）、運行日、本数、時刻表、料金などの面で多様です。

オンデマンド交通は、路線バスとタクシーの中間にある交通手段です。停留所やルートが決まった、路線バスと同じタイプもあります。他方で、運行エリアが面でカバーされ、自宅で乗降できる、ドアからドアのタイプもあります。オンデマンド交通はこのタイプに近い形態ほど理想的です。さらに、予約がリアルタイムで可能ならば、タクシーに近いものになり、自家用車に替わることが可能になります。

以下、路線バスに近いもの、タクシーに近いもの、AI利用の運行についてその特徴を紹介します。

第1項　路線と時刻が固定されたタイプ

路線と時刻が固定され、停留所から乗降するタイプのオンデマンド交通は、予約が必要という点で定時定路線のバスとは違います。路線バスが廃止された地域で、代替手段として導入されています。

四万十市：オンデマンド交通と定期路線バスとの接続

このオンデマンド・システムは、日本初のオンデマンド・バスです。中心部の旧中村市が、国のモデル地区として実験運行を開始したものです（2000年4月から）。

予約は、オペレーターが電話で対応するものでした。GPSによるバス位置検知、コンピューターによる運行経路選定がなされています。係員が電話で受けた要求内容をコンピューターに入力し、その後、電話で可能な乗車時刻を伝えるという方式でした。

その後、合併で広い山間地を含むことになったことから、市では、路線バスのない地域に、オンデマンド交通を拡大しました。ただし、オンデマンド交通のルートは固定されています。バス停で乗降する形態で、ドアからドアではありません。

しかし、路線バスとオンデマンド交通の接続に配慮して、市域全体の移動を面的にカバーできるように配慮されています。

第2項　「ドアからドア」タイプ

ここでは道路運送法の「自家用有償旅客運送」によるオンデマンド交通について紹介します。

自家用有償旅客運送の実施は、3,139団体（2019年度末）から3,140団体（2022年度末現在）と推移し、横ばい状態です。

この制度による事例には、定時定路線タイプや停留所から乗るものも含まれています。

1. 自家用有償旅客運送の概要

2006年道路運送法改正により、市町村やNPO等が運行主体となり、一般ドライバーが自家用車で有償運送できる制度が創設されました。前提条件として、事業者による運行が困難であること、地域の関係者の合意、大臣の登録を受けるという規制があります。

地元の交通事業者が参加する協議機関により運行形態、サービス水準、運賃等が具体的に協議される点が、この制度の運用における大きな制約になっています。

2. 青森県佐井村：村域外への移動が可能

佐井村は、2006年道路運送法改正以前から、過疎地における有償運送に積極的に取り組んできた歴史があり、法改正時点からこの制度を活用しています。

また、導入や運営にあたって地元タクシー会社の反対はありませんでした。

運行形態はドアからドアです。村を発着地とすれば、行き先は隣接市町村に限らず「全国どこへでも行く」サービスになっています。当初は、出発地が村という制限があったため、村域外の病院からの帰りが不可能で不便でしたが、病院を例外とする変更がなされました。

利用目的も、娯楽を含めた外出支援サービスが重要であるとの判断から制限はありません。

運賃はゾーン制で細かく設定されています。基本的にタクシーの半額程度で、バス料金より高くなっています。収入面では、運賃収入以外に、村からの公的財政支援もあります。

予約業務は、佐井村の社会福祉協議会の職員が担当しています。前日15時までに予約を受け付けた上で、運転手や車両の手配、乗り合わせルートの調整を行っています。この予約調整は、住民が多くなく、地域の状況も把握されていることから、手作業で可能になっています。ただ、有償運送専任の職員はいないため、社会福祉協議会の仕事との関係は課題です。

3. 京丹後市：運行エリアは市内の一部地域のみ

日本で初めてウーバーのアプリを活用したオンデマンド交通です。

登録したボランティアのドライバーが自家用車で行う有償運送をしています（2016年5月～）。

運行主体は、NPO法人「気張る！ふるさと丹後町」です。運営管理を担う人が毎日、ドライバーの健康状態をチェックする安全確認を行っています。

京丹後市は、この移動手段に大きな制約を設定しました。同じ市内なのに地域限定にしたのです。ドアからドアは、丹後町内の移動に限られています。佐井村の方式とは大きな違いです。

京丹後市は、2004年に旧6町の合併で誕生しました。丹後町は市中心部から最も遠い北端部にあります。急斜面地に家屋が密集していて集落が分散した地域です。

域外に出ることはできても、帰りは認められていません。市役所は域外にあります。NPOは運行地域の拡大を求めていますが、市の中心部の峰山町にあるタクシー会社（京丹後市に1社のみ）の反対もあり実現していません。

4. 兵庫県養父市：運行エリアは市内の一部地域のみ

養父市は、2018年5月から自家用有償旅客運送を始めました。

運営主体はNPO法人「養父市マイカー運送ネットワーク」です。その理事長にタクシー会社の社長が就いているのが特徴です。

地元のタクシー会社は、エリアを制限することを前提に、この制度導入を認めたようです。「迎えに行っても採算が合わない」山間地の2地区（関宮と大屋）に限定され、JR駅、市役所、総合病院などがある市街地と往復することはできません。このような不便のために、利用者数が伸び悩んでいます。

市は運行エリアを拡大したいようですが、タクシー会社は反対しています。この制度は、移動を支える手段として定着しているようですが、タクシーと棲み分けつつエリアを拡大することが課題です。

5. 関係者間の合意

以上の３つの事例は、地元タクシー会社がこの制度の運用を左右していることを示しています。

佐井村では、タクシーが対応できないほど遠い地区があるが故に導入に反対しませんでした。逆に、京丹後市と養父市では、タクシー会社が、客を奪われないように、運行できるエリアを狭く設定させたため、住民には不便になりました。

そもそも国土交通省は、この有償運送制度を全国一律に認めるのではなく、タクシー事業者のサービス提供が困難な地域に限定しています。そのような地域の協議に、なぜ地元タクシー会社が参加するのか疑問がわきます。運輸総合研究所（民間機関）の報告書（2023年）は、その地域で輸送事業をしていない事業者まで、協議に参加して反対する事例があることを紹介しています。

筆者はタクシーの公共交通としての役割を評価する立場です。しかしタクシーは誰でも利用できる公共交通ではなく、経済的に余裕のある人の移動手段です。タクシー事業には直接的な公的支援が必要です。他の有償運送を規制してタクシーを守る政策は改めなければなりません。

自家用有償旅客運送における協議制度の改善、とくに運行エリア制限の緩和は切実な課題です。交通不便地域や過疎地においては、安全面に配慮した上で、一般ドライバーのマイカーを活用する有償運送を奨励する方向に転換すべきです。有償運送における利害対立の調整は、困難な課題ですが、自治体がもっと関与できる制度に改める必要があります。

現在、国はこの制度に関して、一般ドライバーの報酬を引き上げる（タクシー料金の８割へ）ことを検討しています。しかしこれで利用料金が高くなってしまうと、利用者にはマイナスです。報酬を上げるなら、自治体が補助して運賃を下げなければなりません。まずは、佐井村にならって、運行区域を拡大して、利便性を高めることが求められます。

6. 事業者協力型

自家用有償旅客運送の新しい形態として、「事業者協力型」が 2021 年から始まりました。地元のタクシー会社と共存で自家用有償旅客運送を運営するものです。

最初の事例となったのは、富山県朝日町で 2021 年 10 月から本格運用が始まりました（ノッカルあさひまち）。運行管理業務、車両整備を交通事業者に委託しています。自治体による運営に博報堂も参加しています。

「事業者協力型」は、2023 年 7 月末現在、46 地域で実施されています。そのメリットは、自治体・NPO は業務負担の軽減と安全性を確保でき、事業者は委託費を得られると評価されます。

しかしこのタイプでは、先に指摘した運行区域に懸念が生じます。地元タクシー会社がこの制度の運用を左右している事情は変わらないからです。朝日町では、住民ドライバーの負担軽減のために、予約は前日までに必要で、乗降場所も指定されています。「あえて利便性を抑えている」などと指摘されています。

第 2 節　相　乗　り

自動車の未来は、大量に売る商品ではなく利用されるサービスになるという予測があります。自動車のシェア（共有）サービスを意味しています。

シェアの普及は、車を持たない人を増やすことを意味します。その意義はなんでしょうか？

まず、資源の浪費を減らすことにつながります。そもそも自家用車は「使われていない資産」であり、すでに述べたように駐車している時間がほとんどです。

また、運転手だけの移動（1 人 1 台）が多く、温暖化ガス排出量を増やす要因となっています。相乗り（ライドシェア）を増やせれば、社会全体の走行キロ数を減らすことができます。

以下では、まず「乗り合いタクシー」「相乗りタクシー」について整理し、次いでライドシェアについて検討します。

第１項　乗り合いタクシーと相乗りタクシー

「乗り合いタクシー」は、同じ方向へ向かう複数の乗客が相乗りで利用するもの、「相乗りタクシー」は、異なる目的地までの途中で不特定の客が新たに乗車することができるもの、との区別があります。しかし、この区別は法令で厳密になされているものではありません。

2021年には、「タクシーの相乗り」が解禁されました。それ以降は、配車アプリを使って「相乗り」するタクシーも「乗り合いタクシー」と呼ばれています。

1. 国土交通省データ

国土交通省のデータでは「デマンド型乗り合いタクシー」と「乗り合いタクシー」という言葉が同じ意味で使われています。「デマンド型乗り合いタクシー」は2019年度で566市町村の4,732コース、1,612事業者（団地型と過疎型の運行形態の合計）が集計されています。この数値には自家用有償旅客運送は含まれていません。2021年度の「乗り合いタクシー」は592市町村の4,880コースと集計されています。

また少し古いデータですが、2018年３月末時点では、「乗り合いタクシー」は4,315コースが運行され、その78.4％（3,381コース）が、過疎地の廃止バス路線の代替等に対応する「過疎地型」でした。国土交通省が「乗り合いタクシー」と分類するものには、定時定路線で停留所が固定しているタイプがあります。2018年のデータからすると約８割はこのタイプと考えられます。この場合はタクシーの利便性はありません。タクシーというより小型の路線バスです。停留所から遠い住民は、ドアからドアでは移動できず、従来の路線バスと変わりません。

また「乗り合いタクシー」の中には「区域運行」というタイプもあります。

これは、定時であっても路線（運行ルート）がないものです。停留所を設けず、エリア内で予約のあったところを巡回するこのタイプならば、定時でもややタクシーに近いものとなり、より便利になります。

2. 相乗りの解禁

タクシーを相乗りで利用することは、日本では法律上禁止されてきました。

その理由は、タクシーは1回の運送につき1つの運送契約が結ばれるという原則があったからです。この原則は利用者よりも事業者の経営に有利なものでした。ただし、グループを作って代表者が運賃を支払う「割り勘」は認められていました。

これを見直す議論があり、2018年1～3月に、国土交通省が23区、武蔵野市、三鷹市で実証実験を実施しました。2019年3月7日の未来投資会議（議長は首相）では、相乗りタクシーが解禁できるようにルール整備することが提言されました。

その後2021年11月から相乗りが解禁されています（2021年10月29日付国土交通省通達）。相乗りタクシーは、配車アプリによって乗客同士を運送開始前にマッチングし、タクシーに相乗りさせるサービスです。アプリ上で距離に応じて運賃を計算する方式も可能です。

課題として成約率の低さが指摘されています。たとえ安上がりでも見知らぬ人とタクシーに乗ることを嫌う人が多いためです。国土交通省による東京都での実証実験では、マッチングの申し込みをした5,036名のうち、実際の利用者は494名。マッチングの成約率は約1割しかありませんでした。

ただし、この不安は、狭いエリアで顔見知りの多い場所であれば、事情が変わります。相乗りタクシーへの心理的ハードルは、過疎地域ほど低くなるはずです。

実際に、タクシー相乗りが解禁されたことで、予約アプリを活用した便利なデマンド交通の導入が各地でみられます。とくに交通空白地域の対策として、自治体が主体的に関与して組織しているところが目立ちます。委託先を地元タクシーにして、相乗りサービスとタクシー事業との共存も図られています。

3. 事　　例

具体例を紹介します。

3.1. 金沢市北部地域：停留所型（ルートは固定せず）

金沢市の北部では、バス廃止・減便に対応したオンデマンド交通「チョイソコかなざわ」があります（2022年7月〜試験運行、2023年4月〜本格運行）。

【概要】

○30分前まで予約可能（1週間前から）。ネットまたは電話。

○事前登録が必要。

○8人乗り大型タクシー2台。

○停留所から乗降、ルートは予約状況で変更。

○料金は1回の乗車が300〜400円（地区別）。

○運行時間は月曜から金曜の午前8時から午後3時。

運営主体は、6つの町会の連合会に、民間企業である損保ジャパン、アイシンも構成員となる「次世代型交通システム推進協議会」です。運行はタクシー会社に委託されています。

金沢市は、試験運行期間は全額補助していましたが、2023年4月の本格運行からは赤字分の最大9割を補助しています。

不便地域に新サービスを導入したこと、市による9割負担は評価できますが、中心部の100円バスは市運営で住民負担はありません。市は、観光客の足、中心市街地の活性化対策として正当化しています。しかし不便地域の町会に財政負担を強いるやり方は問題です。町内会というほぼすべての住民が加入する組織に負担金を強制する方式になっているため、利用しない町内会員から反対の声もあるようです。

「チョイソコ」

「チョイソコ」というサービスは全国展開されています。

アイシンが、2018年に愛知県豊明市で開始した乗り合い送迎サービスです。

2023年現在、全国の自治体で70件のサービスが導入されています。ほとんどが自治体による運営であり、金沢のように町内会と地元協議会が中心なのは珍しい事例です。

利用者の予約に合わせて、最適の乗り合わせと経路を割り出して目的地まで送迎するシステムを自治体が活用する形で普及しています。

愛知県刈谷市の例をみると、病院、市民センターなど137カ所に停留所が設けられています。また長崎県五島市では、富江、福江、岐宿の3地区で運行されています。富江地区に営業拠点があったタクシー会社が運転手不足などで、2019年12月に経営破綻したのがきっかけでした。路線バスの廃止に合わせて、富江地区で2020年10月に導入されました。半年間で延べ1,939人が利用し、路線バス廃止前の年間利用者数（2,165人）を上回るペースだったことから、運行を拡大しました。五島市福江地区では、運行エリアは半径約3キロメートルで、公共施設や店舗、ごみステーションなどが停留所に設定されています。平日と祝日は午前8時から午後3時まで運行しています（土日は運休）。料金は、1回当たり300円です。福江島の3地区では2023年度前期（4～9月）の延べ利用人数が前年同期比16.7%増の1万1,398人となり、市全体で1日1台あたりの利用者数が17.9人になっています。

3.2. 群馬県富岡市：市内全域、停留所型（ルートは固定せず）

以前は、定時定路線運行の乗り合いタクシーを運行していましたが、配車システム（モネ・テクノロジーズ。ソフトバンク、トヨタ自動車などの共同出資）を使ったデマンド型「乗り合いタクシー」に変更されました。概要は次のようです。

【概要】

○20分前まで予約可能（5日前から）。LINEまたは電話。

○事前登録が必要。

○市内全域。車両6台。平日6台、土日祝4台。

○停留所型だがルートは固定していない。従来のバス停・公共施設・医療機関・スーパー。

○料金は1回100円（市内在住、在学者、在勤者）、それ以外の人は500円。
○運行時間は毎日、午前8時から午後5時。

市民の評判が良く、8名定員の車両がフル稼働している状態であり、予約の電話もつながりにくいとの声を聞きました。しかし市はこれ以上利便性を向上させる余裕がないとのことです。またAIによる予約対応は、市域の端から端への移動を行う場合が生じ、ドライバーにとっては非効率な移動になるという声もありました。

AIは業務改善や新規事業創出を実現する手段といわれます。広い市域全体でのAIオンデマンドタクシーをドライバーにとっても効率的移動となるようプログラムできるはずです。

3.3. 群馬県沼田市：市内全域（3エリアに区分）、停留所型（ルートは固定せず）

合併によって市域が広範囲になったこともあり、市民の移動の利便性向上、交通空白地域の解消を目的として始まりました。

以前のバス10路線（定時定路線）は本数が少なく、バス停までの距離や運賃が問題でした。市域は、中心部、山間部ともに坂が多く、自家用車がないとスムーズな移動が難しいため高齢になっても車が手放せない、という事情がありました。

定時定路線型バスは、市の支出は約6,000万円（2019年度）で、利用人数は約4万5,000人、1乗客に約1,300円を補助して運行する状態でした。デマンドバスは、同じ程度の金額がかかっても利用者を増やしたいという目的から導入されました。

2022年3月25日から「AIデマンドバス」の実証実験を開始し運行しています。富岡市と同じく「モネ・テクノロジーズ」のアプリを活用したもので、概要は次のようです。

【概要】

○30分前まで予約可能。スマホアプリ、LINE、電話。
○事前登録が必要。

○3エリアに区分され、エリア間で移動はできない。ただし幹線は、民間のバスが各エリアを横断して運行している。

○停留所型だがルートは固定していない。バス停は500カ所。ごみステーション（高齢者が歩ける距離を考慮）、公共施設、スーパー、医療機関。

○料金は1乗車400円。群馬県内在住の高齢者（65歳以上）の希望者に配布される「ぐーちょきシニアパスポート」を提示した場合、半額。

○運行は月曜～土曜（日曜祝日は運休）。運行時間はA・Bエリア午前8時35分から午後5時30分、Cエリア午前9時から午後5時。この時間帯以外の朝夕の通学・通勤時間は定時定路線型で運行。

なお、2022年11月時点でAIオンデマンド交通を導入する地域は全国で100を超えています。この数は、オンデマンド交通のAIソリューションを提供している主要6社の発表した数を合計したものです。これらの事業者には、多くの大企業が参加しています。

上記のソフトバンク、トヨタ自動車によるモネ・テクノロジーズのほかに、森ビルと伊藤忠商事からも出資、米国の本社と共同で立ち上げたVia Mobility Japan（長野県茅野市など）や、西鉄と三菱商事の合弁事業でカナダのSpare Labsが開発したシステムを利用するネクスト・モビリティなどがあります。

3.4. 栃木県真岡市：市内全域、自宅と指定施設の往復、高齢で免許返納した人は終身無料

真岡市は、自宅で乗降できる乗り合いタクシー（いちごタクシー）を市内全域で運行しています。指定された施設（公共施設、病院、金融機関、商業施設等）まで往復運行できます。複数の人を自宅から乗り合いで送迎します。

また「終身無料」の制度があり、高齢者で免許返納した人は、このタクシーとコミバスを利用できます。高齢者への運転免許証自主返納支援制度としては最も充実した制度です。概要は次のようです。

【概要】

○30分前まで予約可能（2日前から）。電話、アプリ（シティMobi）。

○事前登録が必要。
○時刻表あり（1時間に1便)。行き（自宅から目的地）と帰りがそれぞれ9便。
○料金は1回（片道）300円。回数券3,000円（11回分)。
○運行時間は午前8時から午後5時。運行日は平日のみ。

真岡市のタクシーは、指定施設という限定、1時間に1便という本数制限はありますが、自宅から乗降できる点で、ドアからドアに近い便利な移動手段です。また、終身無料制度もあり、マイカーに替わる魅力も充分あるものです。

第2項　ライドシェア

現在、ライドシェアの導入が議論されています。その新しさは、タクシーの相乗りとは異なり、一般ドライバーが自分の車を使って、有料で顧客を送迎する点にあります。

1. 相乗りの歴史

一般的にライドシェアは、自動車を相乗りすることです。このような共有は、昔からありました。ヒッチハイクです。

ヒッチハイクを、スマホによるドライバーと同乗者のマッチングと比較すると、ライドシェアの便利さがわかります。デジタル技術が相乗りの歴史を変える重要な役割を果たしました。技術の発展によって、複数の利用者の予約を集めて、最適ルートを運行するというサービスが簡単にできます。この技術は、先に述べた乗り合いタクシーの配車アプリと同じです。

ライドシェアが新しい移動サービスとして注目されているのは、スマホを利用して、一般ドライバーと利用者をマッチングするウーバーのような仲介業があることです。

2.「白　タ　ク」

ライドシェアは、すでに、日本以外の多くの国で普及しています。しかし、日本では、自家用車による有償の相乗りは「白タク」として禁止されています。「白タク」という言葉は、タクシーが有償運送を独占していることを象徴しています。

例外として、自家用有償旅客運送が、福祉や交通空白を理由に認められていますが、既に述べたように、制約がある不便な制度です。

ライドシェアが禁止されているのは、一般ドライバーでは安全性に懸念があるためと主張されていますが、主な理由はタクシー業界の反対という政治的なものです。しかし、全面的拒否では、過疎地の足は確保できなくなっています。

3. ライドシェア解禁の検討

2023 年 11 月、内閣府の規制改革推進会議（審議会）の「地域産業活性化に関する作業部会」で、ライドシェアを解禁する法改正の議論が始まりました。そして、2023 年 12 月 20 日のデジタル行財政改革会議で、2024 年 4 月から、条件付きで解禁することが決まりました。

具体的には、タクシー会社が運行を管理するという条件が付けられました。タクシー会社がドライバーへの教育や車両整備の管理、事故時の責任を負う形態です。配車アプリ事業者などは参入できません。タクシー運転手以外の人に配車を依頼し、運賃はタクシーと同じです。

また、地域や時間帯は限定され、都市部では朝の通勤時間帯や雨天、大型イベントの開催時など、観光地では観光客が多い時期になっています。

法改正を含む全面解禁の是非は見送られました。

まず問題なのは、政府がライドシェアを「地域産業活性化」の作業部会で議論させたことです。この場は、ライドシェアの方向性を議論するのにふさわしくありません。

ライドシェアは、産業活性化の政策としてではなく、まず生活交通の手段として構想し、交通不便・空白地域の新サービスとして導入すべきです。政府の議論の発端は全く逆で、都市部への導入を目指しています。理由とされたのは、羽田空港や八重洲口でタクシー待ちに時間がかかること、インバウンド（訪日外国人）、観光地や都市部でもタクシーを待つ長い列への対応でした。背景にあるタクシー不足、運転手不足の問題に、河野デジタル相は「２種免許の取得要件の緩和や自動運転の導入」も検討すると言っています。

ライドシェアは産業政策ではなく、福祉政策、環境政策として検討することが適切です。自家用車に依存せざるをえない地域こそ、相乗りが合理的な解決手段になります。課題は住民が少ない地域ゆえにドライバーになってくれる人を増やすことです。政府はライドシェアを制限するよりシェアの担い手を増やす支援を実施すべきです。

生活交通としてライドシェアは、タクシーと共存可能です。

料金の高いタクシーは、安価なライドシェアに客を奪われるという批判やタクシーは地域のセーフティーネットとして必要との反論があります。確かに、過疎地で１台の個人タクシーしかない地域では、維持すべきです。しかし、将来その人がいなくなったらどうなるのでしょうか？　個人の善意に頼るのは限界があります。法制度化や自治体の政策が必要です。

4. 有償運送の制度改正議論

国土交通省はライドシェア解禁論に関連して、自家用有償旅客運送の制度を「拡大」する方向で対応しようとしています。

2023年12月20日のデジタル行財政改革会議では、過疎地ではライドシェアと類似のサービスとして、自家用有償旅客運送を使いやすいように要件を緩和して広げるとされました。運行区域や料金について協議する義務を緩和し、結論が出ない場合に自治体の首長が導入を判断できるように変更されるようです。また株式会社への委託を可能にすることも検討されています。

争点はいくつかあります。

まず、京丹後市のように不便な区域限定をどうするかです。

また運行管理については、自治体、NPO法人、タクシー会社だけでなく、配車アプリ事業者の参入を認めるかどうかも争点です。マッチングだけをする企業については、運転者を雇用せず、仲介しているだけとの批判があります。これに対応して、タクシー会社が一般ドライバー（普通免許のみ）を従業員として雇用する制度が導入されました。しかし、これはライドシェアではありません。タクシー運転手不足の解消策に過ぎません。

現行制度でも可能な取り組みとして、神奈川県の三浦市では、タクシー会社が運行管理などを行いない、夜間に時間を限定するという方法を検討をしています。しかし、タクシー会社が仲介したり、運行管理する制度では、タクシー会社の利害が優先される懸念は残り、利用者の利便性が損なわれる可能性があります。

第3項　ライドシェアを推進するフランス

議論の参考のため、フランスの政策を紹介します。

1. 法律における規定

フランスは、法律でライドシェアを定めて、公共交通であるタクシーとは区別しています。

交通法典の条文では次のように規定しています。

ライドシェアは「運転手と1人または複数の同乗者が、費用の分担以外の対価を得ることなく、陸上の自動車を共同で使用すること」（L3132-1条）。

この条文の「費用」という文言の詳細も定められています。

「車両の減価償却費、修理費、メンテナンス費、タイヤや燃料の消費、保険料が含まれる」、「また、通行料や、該当する場合には、走行に関連する駐車料金も含まれる」（R3132-1条）。

日本でも許可及び登録のいらない有償運送を厳しく制限を付けて認めています。これについて2018年3月の国土交通省通達改正は、一定の金額を収受することが可能な範囲を明確化しました。具体的には、特定費用（ガソリン代、道路通行料及び駐車場料金）及び自発的な謝礼の場合は、許可及び登録は不要としています。ただし仲介業者がWebサイトなどでこの金額収受に介入することは禁じています。

フランス法の「費用」は、日本の「特定費用及び自発的謝礼」より広く定義され、減価償却費、修理費、メンテナンス費、保険料が含まれています。自発的謝礼という曖昧なものはありませんが、金額的には日本より大きくなると推定できます。

以上のようにフランスの法制度は、一般ドライバーは「費用の分担」の範囲で報酬を受け取るという制限を設けた上で、ライドシェアを積極的・肯定的に認めています。公共交通を補完する移動手段として、住民の自発的な相乗りを位置づけているのです。これに対して、日本の法制度は、有償運送をタクシーに限ることを原則にし、例外として自家用有償旅客運送とライドシェアを消極的に認めています。それ故、国土交通省は自治体やNPOなどの自主的な取り組みを事細かく規制しているのです。

2. フランスがライドシェアを推進する理由

エコロジー移行省の公式サイトでは、ライドシェアのメリットを次のように列挙しています。

○公共交通機関がない場所での移動を提供する。車を持っていない人や運転できない人が交通機関にアクセスできるようになり、地域社会にとっても良い。

○大気環境を改善できる。自家用車は温室効果ガス排出量の15%以上を占めている。

○渋滞を緩和し、駐車場代を節約できる。自治体の公共コストの削減につながる。

○購買力が向上する。自動車で30kmの通勤をする従業員が、隣人や同僚と交互に毎日相乗りをすると毎年約2,000ユーロ（32万円）の節約になる。

3. 専用レーン・ドライバーへの自治体補助

都市や大都市圏の幹線道路に、相乗り専用レーンが設置されています。「VR2+」という名称が付けられていますが、少なくとも 2 人以上乗車している車両のための専用レーンの頭文字をとったものです。厳密な意味ではライドシェア専用ではなく、ドライバー 1 人だけの車両を減らし、温室効果ガスを減らすという目的のレーンです。

2022 年 12 月 13 日には、近距離の相乗りを推進するための「日常的ライドシェア国家計画」が開始されています。2027 年までに相乗りによる移動を 3 倍に増やすことを目標としています。

自治体による支援

フランスでは、ドライバーに報酬を支払って奨励する自治体も現れています。

ラロシェル都市圏の Klaxit クラジットというサービスでは、マイカーの運転手と同乗者をデジタルでマッチングする相乗りアプリを使って誰かを同乗させると、報酬が自治体から運転手に支払われる仕組みを導入しています。

20km 以内の移動は、同乗者 1 人当たり 2 ユーロ（320 円）、20km を超えると 1km 当たり 0.1 ユーロが割り増しされ、最大で 4 ユーロまでです。1 回の移動では最大 3 人までの乗車が認められています。ただし、1 カ月当たりの上限額は 120 ユーロ（1 万 9,200 円）とされています。

30 の企業が参加し、社員の通勤時に活用することを推奨しています。個々の企業の取り組みに委ねずに、自治体が報酬によって奨励していることは非常に興味深い方法です。

2022 年 9 月には 1 日で 190 人の運転手、同乗者 400 人の実績があり、補助額は 1,000 ユーロ（16 万円）、1 運転手あたり約 5.3 ユーロ（848 円）と報告されています。車による移動は、1 日 30 万回なのでわずかな成果に過ぎません。仮に減った移動を 300 回とすると 0.1% ですが、貴重な取り組みです。

最後に、近距離では自動車での移動に替わる可能性のある手段について検討します。

第３節　キックボード・自転車：近距離の移動手段

人間の運動能力が必要な、アクティブな移動手段が注目されています。徒歩、自転車（電動アシスト自転車)、キックボード（電動キックボード）などです。アクティブな移動手段は、近距離の日常移動において、自家用車に替わる手段にもなります。気候変動に関する政府間パネル（IPCC）の報告書は、アクティブ・モビリティや公共交通への移行は、大気質を改善し、健康を促進すると書いています。

コロナ禍で、これらの手段による移動に関心が一層高まりました。これは日欧で変わらない現象でしたが、欧州では都市の自治体が、積極的に徒歩・自転車の通行の安全を確保する対策が取られました。

電動自転車は日本の方が先行し、普及していますが、電動キックボードは欧州の方が日本より早くから法令を整備し普及しています。

とくに電動自転車や電動キックボードは、公共交通機関との接続を促進できることから、レンタル（シェアリング）サービスにも注目が集まり、その普及が大都市だけでなく、郊外や人口が少ない地域でも重要になっています。

第１項　特定小型原動機付自転車

まず、近距離移動手段として注目される電動キックボードについて紹介します。

1. 道路交通法改正（2023 年 7 月施行）

2022 年 4 月、道路交通法が改正されました（令和 4 年法律第 32 号)。これをうけて、特定小型原動機付自転車（いわゆる電動キックボード等）の交通方法等に関する規定が施行されました（2023 年 7 月 1 日)。

「特定小型原動機付自転車」(以下、特定小型原付）という新しい分類ができました。最高速度は 20km/h 以下に設定されています（自転車の通常速度は

15km/h 程度)。6km/h 以下で、歩道・自転車道を走行可能です。従来から同程度の速度の「電動車椅子」は歩行者に相当し「車両」に該当しないと解釈されています。

購入し所有する場合は、自治体からナンバープレートの交付を受けて、自賠責保険に加入する必要があります。16歳以上は免許不要で、従来の「原付」と異なる位置づけになっています。ヘルメットは努力義務です。座席やエンジンの規定はありません。

2. 特徴と可能性

無謀なキックボード関連事故がニュースになり懸念もありますが、ここでは導入のメリットを整理します。

従来の電動二輪との違いは、徒歩や自転車に近いことです。自転車と同じく所有者は、好きな時にいつでも利用できます。また自由に経路を設定できます。

さらに自転車と違って手で持って移動することも容易なタイプがあります。このため障害物を越えたり、徒歩による移動と併用できます。駐車の問題がないのも大きなメリットです

タイプにより異なりますが、バス・電車に持ち込めるものは、公共交通と相性が良く、互いに補完できることで、車依存を減らし公共交通利用を促進する効果も期待できます。

ここまで特定小型原付について、電動キックボードと書いてきました。しかし、正確にはマイクロモビリティや小型の電動モビリティーに分類できます。

特定小型原付にあたる手段には、実際は4輪や座席のあるタイプ、大きめのタイヤ（12インチ）のもの、荷台を備えたものなども開発されています。従来の2輪のキックボードのように転倒しやすいものではなく、高齢者にも使えそうです。

また交通不便地域でも、価格が下がり、走行性能が高まれば、近距離移動

で自動車に替わる手段になる可能性があります。

第2項 電 動 自 転 車

1. 交通手段としての自転車への注目

自転車は、古臭いと見なされ、交通政策立案者から見過ごされてきましたが、現在は都市の交通政策の中で見直されています。欧州では、シェアサイクルだけでなく、優先レーン、時速30キロ・ゾーンといった自転車を優先する新しい政策が注目されています。

自転車は、カーボンニュートラルで、安価です。都市の中での短距離移動では、渋滞を避けて速く移動できます。とくに電動自転車は、より長い距離の移動、坂道の移動が楽な点などから、公共交通が不便な地域でも貴重な移動手段となりえます。

鉄道・電車・高速バスなどの公共交通と接続できる移動手段という面も注目されます。自宅から自転車で主要な交通網にアクセスし、車内に持ち込めれば、ドアからドアの移動も可能です。自家用車に替わりうる、個人の都合に対応できる自由な移動手段です。

自転車優先の政策は、自治体にも大きなメリットがあります。初期投資コストが低いからです。自転車政策にかかる投資コストは、マイカーを活用する相乗りと同じように低く抑えられます。他の移動手段より少ない資金で短期間に実施できます。

コロナ禍と自転車

自転車はコロナ禍で、人との接触を避けられる移動手段として評価されましたが、パンデミックへの応急的な対応策というだけではなく、将来的にも多様な危機状況への対応が可能です。

地震などの自然災害、気候変動がもたらす悪天候などで、公共交通が不通となったり、自動車が使えない場合には、貴重な移動手段になります。とくに電動自転車は、荷物を運びやすく、ある程度長距離移動が可能です。大量輸送機関が不通の状況で、人や物の移動を確保したり、必要なサービスや商品にアクセスする手段として機能します。

たとえば、2021年の首都圏地震では帰宅に多数のレンタル自転車が利用されました。2018年の西日本豪雨では避難者に無料提供されています。

今後の危機に備えるためにも、自治体が電動自転車に関する政策やプランを持つことは重要です。日常移動の政策としては、公共交通機関に自転車を持ち込めるようにしたり、自転車の購入やレンタルへの支援が重要です。

2. 電動アシスト自転車

2021年に出荷された電動アシスト自転車は79万2,985台で、自転車全体（162万9,357台）の半数近くになっています。対前年比107%で伸びています。

自治体の奨励策には、購入への補助金とレンタルサービスがあります。

購入への補助

電動自転車の購入に対して補助金を出している自治体があります。自治体内の自転車店から購入するのが条件となっています。

制度の目的は子育て支援が多く、高齢者の移動支援もあります。年齢や子供の有無を問わない例も見られます。電動自転車、とくに「子ども乗せ」が付いたものは、高額であるという背景もあります。

子育て支援では、子供が2名乗れる自転車の購入補助が多く見られます。たとえば熊谷市では、未就学児2人以上の世帯、購入費の半額（3万円上限）となっています。ほかに神奈川県愛川町は、自転車で通学をしている生徒の保護者に、自転車購入額の2分の1で上限2万円、電動アシスト自転車の上限は6万円を補助しています。

高齢者向けの自治体もあります。

新居浜市は65歳以上で、購入費の3分の1を補助（上限2万円）、運転免許証を返納の場合は上限4万円となっています。伊勢市では、講習会を受講した人に、上限3万円で補助されます。群馬県千代田町は「自力による移動を容易にして外出機会を増やす」という目的を挙げています。電動アシスト三輪車への補助で、対象は車の運転ができないまたは運転免許を自主返納した人です。補助額は、購入費の3分の1、上限6万円（免許自主返納の場合）となっています。

子育てや高齢者という制限を付けていない自治体もあります。

豊橋市、蒲郡市、鹿児島市、薩摩川内市などです。蒲郡市では「車やバイクから、電動アシスト自転車に転換しようという人」も対象で、購入額の3分の1、上限15,000円です。

レンタル（シェアサイクル）

シェアサイクルとは、「相互利用可能な複数のサイクルポートが設置された、面的な都市交通に供されるシステム」（国土交通省）です。とくに無人のサービス、スマートフォンで決済という特徴があげられます。

都市や観光地などで、自治体がレンタルサービスを組織（運行・財政支援）する例が増えており、170都市で実施されています（国土交通省都市局、2022年4月）。他に「社会実験」46都市、「検討中」50都市があります。本格導入都市数は2013年度の54都市から毎年増加傾向にあります。

メリットでは次のような点が指摘されます。

○個人にとっては購入しないので駐輪スペースが不要（集合住宅では駐輪スペースが不足）、管理・メンテナンスの手間やコストがない。

○放置自転車や違法駐輪の解決につながる。

○観光地では、徒歩より速くタクシーより安価に、点在する場所を回れる。国はインバウンド（訪日外国人）の誘引策の一つとして、自転車を移動手段にするサイクルツーリズムの推進を提唱しています。

○災害時の移動手段になる。

○公共交通機関の混雑・遅延、車の渋滞回避、健康の維持・増進など（自転車の利点）

デメリットとしては次の点があります。

○シェアの場合、利用が集中すると借りられない、ポートが満車で返却できない。
○歩行者にとっては危険がある。専用レーン、スピード規制の必要がある。

シェアサイクルの現状は、利用者が多く見込める都市や観光地に偏っています。課題は導入できる地域を支援する制度作り、特に国の財政支援の充実が求められます。

現在、国による「都市・地域交通戦略推進事業」への補助金（補助率1/3、1/2）があります。自治体などを対象として「市街地が全面的に拡がる拡散型都市構造を見直し、環境負荷低減型のコンパクトシティへの展開を図る」というものです。しかし、徒歩、自転車、自動車、公共交通など多様なモードの連携が図られた「パッケージ施策」として総合的に支援すると限定されていて自転車に特化している訳ではありません。事業としてはシェアサイクル設備や自転車駐車場が例示されるのみです。自転車移動を推進するプロジェクトへの支援が必要です。

第4節　通勤手段を替える

温暖化対策にとって、通勤対策とくに通勤手段に関する政策は重要です。自治体と民間企業が、協力して自動車通勤を抑制する必要があります。

通勤改革は避けて通れません。高齢者の免許返納以上に、熱心に取り組まれるべきです。現在まで実践されている具体例を紹介し、課題を検討します。

第1項　企業による通勤送迎バス

通勤者の自動車利用は、朝の通勤時間や帰宅時間に集中します。そのため渋滞が発生し、これまでも対策は提起されてきました。代替となる公共交通が整備されているかがポイントになります。しかし、公共交通が不便な地域では企業が自主的に送迎バスを運行するケースがあります。

1. 一般乗客が企業の送迎バスに乗車

静岡県湖西市では、通勤の送迎バスに、一般乗客も乗れる試みが2022年から実施されています。

本来、送迎バスは、「特定」旅客自動車運送事業（道路運送法）のため、一般の人は乗車できません。特定の者の需要に応じ一定の範囲の旅客を運送する事業には、社員の通勤の他にも、学校・幼稚園等の生徒送迎、商業施設・福祉施設等の利用者送迎などがあります。

スクールバスを路線バスのように使う試み（混乗）は、これまで自治体の交通政策にみられましたが、通勤送迎バスの活用は、湖西市が日本初です。

湖西市の公式サイトでは、「市民の皆様が車に頼らなくても豊かな生活を送ることができるように」という目的から、「企業シャトルバスを地域移動資源として活用」しようと、市内企業の協力をえて、新たな移動手段の仕組みを検討したと書かれています。

企業のバスを活用して、2022年8月～2023年1月末に実証実験が行われた後、2023年9月1日～2024年1月末にも3つの企業による通勤バスで運行されました。

【概要】

○事前登録が必要。

○予約は、電話またはオンライン。締め切りは路線で異なり、予約不要、当日午前6時および午前11時、または始発1時間前となっています。電話予約は前日午後5時まで。

○運行時間は平日（月曜～金曜）の午前9時台から午前11時台。

○運行料金は、1乗車100円（昨年度は200円）、11枚綴り回数券1,000円（協力店舗のクーポン券もあり）。オンラインチケットあり。

○停留所で乗降。

○バスの現在地（位置情報）がLINE及び予約システムで確認できる。

この企業シャトルバスBaaSの各路線は、市の運営する「コーちゃんバス」の路線を補完するように設定されました。

企業にとっては、昼間の利用が少ないバスの有効活用となり、自治体はバス増便の資金が節約できるメリットがあります。沿線の医療機関や薬局、スーパーと提携して、健康相談や割引券配布を行ったり、町内会による高齢者への呼びかけなどで利用が促されました。住民、企業、自治体の 3 者の「課題を解決」できたとの評価があります。

2. 企業が共同で送迎バスを運行

京都市南区の工業団地では、各事業所の送迎バスの共同化（2006 年）が実施されました（参加企業 22 社、1 協同組合）。試験期間に平均利用人数は 1 日当たり約 1.74 倍の利用増の 272 人となり、2007 年 5 月の本格運行からは 316 人（2007 年 6 月末）に増加した実績が報告されています。

これは、国土交通省が自家用車からの転換を図るために 2005 年 3 月に設置した「公共交通利用推進等マネジメント協議会」が推薦したプロジェクトでした。経済産業省管轄の独立行政法人による補助事業（民生部門等地球温暖化対策実証モデル評価事業）となっています。

取り組みの背景は、都市圏の郊外の事業所では、公共交通が不足しマイカー通勤からの転換が進まないことでした。近接する事業所が連携・共同して送迎バスサービスの運行を行いマイカー通勤を抑制することが目指されました。

エコ通勤認証制度

国土交通省の設置した協議会の目的は、公共交通機関の利用推進により、自家用自動車から CO_2 排出量の少ない交通モード等への転換を促進することです。協議会の現在の事業には、エコ通勤に関する取り組みを自主的かつ積極的に推進している事業所や自治体を優良事業所とする認証登録があります。

広島市役所の本庁舎市長部局は、政令指定都市では初めて登録された事例です。認証の理由は、職員通勤用の駐車場を設けておらずマイカー通勤者の割合が低いこと、毎月 2・12・22 日の「マイカー乗るまぁデー」やテレワーク等の取り組みを行っていることでした。また名取市役所は、月 2 日程度を

「公共交通通勤チャレンジデー」に設定し、市職員に周知・啓発する取り組みで 2023 年 8 月に宮城県で初めて認証されています。

国土交通省が設置した協議会の存在とその認証制度は意義のある取り組みです。しかし、目的であるエコ通勤を推進するための独自の財政的支援はありません。民間企業や自治体が自主的に工夫して実施するエコ通勤を認証しているにすぎません。政府はこれまで以上に民間企業や自治体の通勤対策に注目し、直接的な財政支援を導入すべきです。

3. 障害のある社員、派遣社員の送迎バス

企業独自の取り組みとして、障害のある人や派遣社員の通勤のために送迎バスを運行することも行われています。

「百五管理サービス株式会社」は、障害のある社員を含めた公共交通機関による通勤者全員が利用可能な送迎バスを運行しています。コロナ禍では、各社員の最寄りのバス停まで送迎するルートを作成して運行されました。マイクロバスは自社で購入し運転手はバス会社に委託しています。朝3便、夕方2便、最寄り駅の電車の到着時刻に合わせて運行されています。

このバスの効果として次のような点が指摘されています。

○通勤途上の交通事故やトラブルは0件となった。

○荒天時や暑い時期等の通勤で生じる身体的な負担が軽減し、生産性が向上した。

○障害のある社員の安全確保に取り組む姿勢を対外的にもアピールできたことで、県内各地から多様な人材が毎年多数、職場実習に参加するようになった。

通勤対策助成金

関連して障がい者の通勤を容易にするための助成金制度が存在します。

独立行政法人「高齢・障害・求職者雇用支援機構」の重度障害者等通勤対策助成金です。重度身体障がい者、知的障がい者、精神障がい者または通勤

が特に困難と認められる身体障がい者を雇用する事業主などに対して、障がい者の通勤を容易にするための措置を行う場合に、その費用の一部を助成する制度です。

派遣社員の送迎バス

派遣スタッフ向けの送迎バスという通勤対策もあります。

このような送迎バスを導入する理由は、車がなければ通勤が困難な場合で、たとえば工業地帯の中にある工場や市街地から離れた事業所などで、公共交通機関がない不便な場所であることです。その効果として指摘されるのは次のような点です。

○社員を求人しやすく、確保しやすい。

○駐車場が不要になる。

○労災の可能性を下げられる。

第2項　雇用主への義務付け・支援策：フランス

フランス政府は、マイカー通勤から公共交通へのシフトを促進するために雇用主に向けた政策を実施しています。

公共交通機関の定期券などの雇用者負担

これは、通勤のために発生する費用が雇用主から払い戻される制度です。

電車・バスだけでなく、レンタル自転車も含まれています。定期券のみで、シングルチケットの払い戻しは認められません。パートタイムや非正規雇用の従業員も、その労働時間が正規雇用の半分以上であれば同じ保障を受け、半分以下の時間の場合は半額となります。

持続可能なモビリティ・パッケージ

通勤に、よりクリーンな交通機関の利用を促進することを目的として、2020年5月9日の政令で、「持続可能なモビリティ・パッケージ」が施行されました。

電気自動車、ライドシェア（運転手または同乗者）、キックボードなどの小型モビリティを利用した場合、社会保険料の免除（会社負担分）と税金の免除（従業員負担分）があります。2022年からの上限額は、年間1人当たり700ユーロ（11万2,000円）になりました。公共交通機関の定期券と組み合わせた場合、免除額の上限は800ユーロ（12万円）になります。

雇用主モビリティ計画

「グリーン成長のためのエネルギー転換に関する法律」（2015年8月17日）で、1つの所在地に100人以上の従業員がいる場合に、雇用主モビリティ計画（交通法典のL1214-8-2条）の作成が雇用主に義務化されました。その目的は、「雇用主は従業員が自動車以外の手段を利用することを支援する上で重要な役割を果たすこと」でした。しかし、計画作成は進みませんでした。

そこで2019年のモビリティ基本法では、労働法（L2242-17条8°）によって「所在地に50人以上の従業員を抱える雇用主に義務付けられていた「職場での生活の質に関する年次交渉」に通勤移動の項目を含めることに変更されています。その趣旨は、計画文書の作成よりも労使交渉での具体策の検討が有効と判断されたからです。

第４部　移動サービスの財源と公的財政

最後に、財源から公共交通の課題を整理します。

すべての人の移動を保障するには、公共交通が不可欠です。なぜなら自家用車で移動できない人がいるからです。道路整備をして車での移動を便利にするだけでは問題は解決できません。公共交通による移動の保障は、エコロジー、地域の平等、社会的公正の観点から評価しなければなりません。

問題は財源です。なぜなら、公共交通は運賃収入だけでは成り立たない事業だからです。公共交通の維持に賛成する人は多いとしても、財源については意見が分かれるはずです。誰が負担するのかは大きな争点です。また公的財政支援の規模も争点です。

支援方法は多様です。まず税制を変更せずに公的財政支援を増額することができます。また税については軽減と増税の２つ選択肢があります。自治体に決定権はありませんが、国と自治体の財政関係、たとえば地方税か否か、使途の自由な補助金か否か、といった支援制度の違いは、自治体にとって重要です。

第11章　税と公共交通

以下では、運賃と収入構成（第1節)、公的財政支援の方法（第2節）について検討します。

第1節　運賃と収入構成

第1項　運賃収入による経営と「人の密度」の関係

移動手段は、自家用車（個人的な交通手段）が多数派で、公共交通（集団的な交通手段）の利用者は少数派です。この傾向は人口が低密度の地域ほど強くなります。すなわち郊外や農村では、日常の移動に自家用車が不可欠になっています。

公共交通の大きな問題は、大都市では鉄道、バス、路面電車、地下鉄など選択肢が存在するのに、低密度の地域ではバスさえ手薄になるという点です。

その原因は、集団的交通手段という性格、多人数を効率的に輸送できれば、低運賃で経営できるという点にあります。軌道や車両の保有に大きな経費がかかり、ルートが固定している移動手段のため、少ない人口が広く分散している地域では、効率的に多くの乗客を確保できません。この集団的な交通手段という性格は、たとえ自治体による公的財政支援の規模が大きくても問題として残ります。

公共交通の経営で、ある程度の運賃収入を確保するには地域やルートを限定せざるをえません。その結果、公共交通には地域格差が生じ、不便な地域では自家用車に依存する悪循環が生まれます。

実際に、収入構成に占める運賃収入の比率からこの問題を考えてみます。

第２項　公共交通の収入構成

公共交通の収入源は大まかに３つに区分できます。

①乗客が負担する運賃

②スポンサーが負担する広告収入

③住民・国民が負担する税金

この他に、事業者が、交通事業以外の収入によって、交通事業の赤字を補填していますが、ここでは上記の３つの区分で整理することにします。

ほとんどの事業者・自治体による公共交通は、①運賃や②広告収入だけでは成り立ちません。赤字経営であり、赤字分を③税金で穴埋めしている状態です。

実際の収支率のデータを少し紹介します。収支率とは、運賃収入を運行経費で割った数値です。

1. 乗り合いバスの収支率（全国平均）

乗り合いバス事業は、民営・公営ともに全国平均（路線ごとの収支とは異なります）で、常に赤字です。ただし2019年度までは、収支率は90％以上ありました（図20）。

2010年度93.4％から2019年度92.8％とほぼ同じ水準で、コロナ禍の2020年度に73.2％に大きく落ち込んでいます。2021年度には81.0％とやや回復しています。

2021年度の黒字事業者は6％（218事業者のうちの13事業者）しかありませんでした（『令和５年版交通政策白書』）。

2. 乗り合いバス収支率の地域差（三大都市圏・その他地域）

収支率には地域差があります（図13、62頁）。

2019年度では三大都市圏99.4％に対し、その他の地域は83.0％と開きがありました。コロナ禍でも地域格差は明らかで、2020年度は78.5％と65.3％、2021年度は88.7％と69.9％とかなりの差が続いています。

図20　乗合バス・年度別経常収支率の推移（民営・公営）

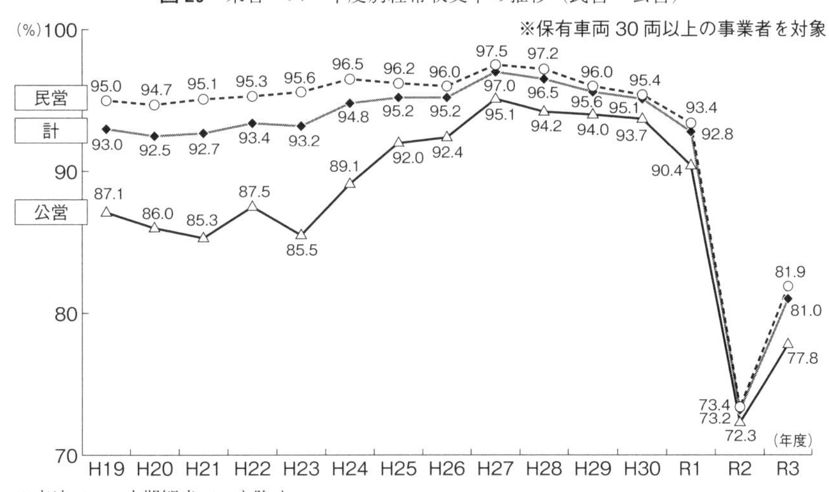

※高速バス・定期観光バスを除く

出典：公益社団法人日本バス協会『2022年版　日本のバス事業』16頁

3. コミバス・デマンド交通の収支率

コミバスについては、乗り合いバスと同様の全国データはないため、関東運輸局管内の調査（総数250団体・2017年）を見てみます（図21）。

収支率50％以上の自治体の割合は18％しかありません。乗り合いバスに比べて運賃収入が占める比率はかなり低くなっています。収支率が25％未満の自治体は54％にのぼります。

地域区分別のデータは、都市部の収支率が高いことを示しています。収支率25％未満の自治体の割合は都市部においては11％（全体では54％）です。都市部以外のコミバスは、低運賃に設定されているだけでなく、そもそも採算の悪い地域を走っているのです。

デマンド交通の収支率は、コミバスよりもさらに収支率が低くなります（図22）。

収支率25％未満の自治体の割合が71％にのぼります。デマンド交通は、乗客の少ない地域で導入されていることを反映しています。そもそもこのデー

図 21　コミバス収支率（県別および地域区分別）（関東［総数 250 団体］・2017 年）

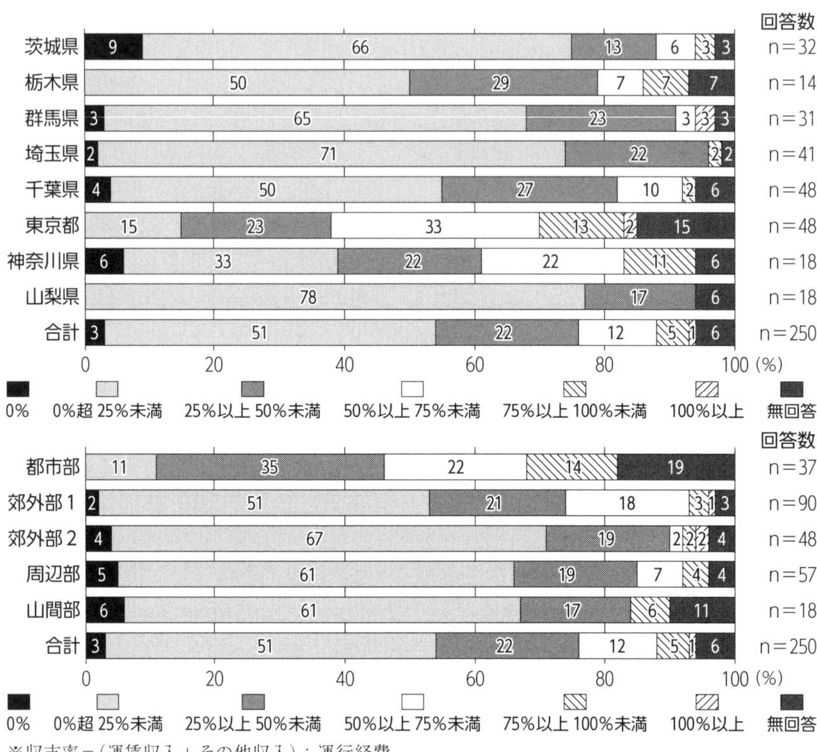

※収支率＝（運賃収入＋その他収入）÷運行経費

出典：「関東運輸局管内におけるコミュニティバス・デマンド交通の実態及びバス待ち環境の先進事例に関する調査業務　報告書」18 頁

タでは、都市部にデマンド交通が存在しません。

4. 路線の赤字の意味：路線の収支率を論じる危険性

以上、紹介したデータでは、路線の収支率データはわかりません。通常、事業者は黒字路線の黒字分で、赤字路線の赤字を補填しています。それでも多くの事業者は全体として赤字なのです。

そもそも路線の収支率の比較によって公共交通を評価するのは危険です。

たとえば同じ自治体の中でも、中心市街地を走る路線と中山間地を走る路

図22　デマンド交通収支率（県別および地域区分別）（関東［総数124団体］・2017年）

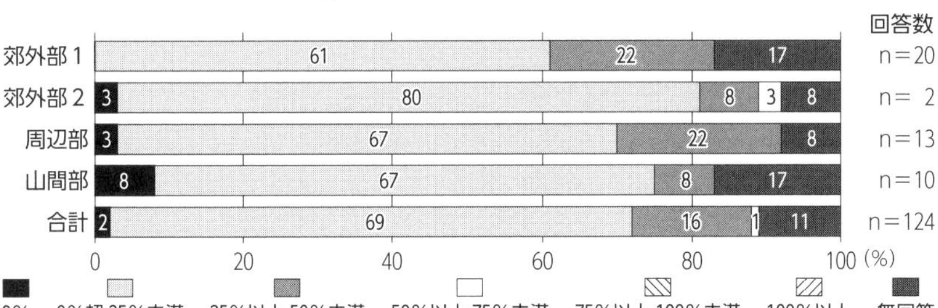

※収支率＝（運賃収入＋その他収入）÷運行経費
※「都市部」についてはデマンド交通を運行していると回答した市区町村は存在しない。
出典：「関東運輸局管内におけるコミュニティバス・デマンド交通の実態及びバス待ち環境の先進事例に関する調査業務　報告書」39頁

線では運賃収入や収支率に大きな違いがあります。収支率を路線単位でみると、効率の悪い路線の廃止という議論が出てきます。路線の収支率の比較は、事業の改善材料として必要ですが、単純で一面的であることは否定できません。

地方鉄道廃止の議論では「乗車密度」という数値が使われています。これも結局は運賃収入に焦点があります。この密度が低いと当然、収支率が悪くなるからです。

そもそも収支率は、公共サービス評価のひとつの指標にすぎません（公共交通の無料化の項を参照）。

第2節　公的財政による支援の方法

第1項　事業経営における支出削減と収入増：2つの方向

収支の改善は、支出削減か収入増によってもたらされます。具体的な対策は次のように整理できます。

支出削減

①事業の縮小すなわち路線の廃止・減便などで支出を減らす

②他の経費たとえば運転手の人件費などを減らす
収入増
①運賃値上げ
②集客能力の向上

支出を削減する方策は、交通空白・不便を拡大させ、運転手不足を悪化させるリスクがあります。他方で、収入増の方策は、運賃値上げが乗客離れを招いたり、魅力的なサービスの導入に追加支出が必要となります。

支出削減も収入増も、運賃収入の少ない地域や路線では非常に困難です。そのような地域で公共交通を提供している民間事業者への公的財政支援は不可欠です。

第2項　公的財政による支援と利用者の負担

もうひとつ別の視点から公的財政支援の問題を整理してみます。

極端な2つのケースを取り上げます。利用者が100％負担する経営と公的財政支援100％の経営です。

1. 独 立 採 算

日本では、公共交通は独立採算制で経営されるべきという観念が根強くあります。国土交通省は「独立採算の中で適正利潤を確保できるように運賃認可を行う」という方針をとっています。運賃収入だけで利益を出すという前提に立っているようです。

独立採算制では、乗客が100％負担することになります。しかし、運賃収入だけで維持している乗り合いバス事業者は、大都市のごく一部に限定されます。独立採算の中で適正利潤のある経営というのは、机上の空論にすぎません。大多数の地域の公共交通のあり方を考える基礎にはならないものです。

2. 運 賃 無 料

近年、運賃無料の公共交通が注目されています。

欧州で無料化を実現している例としては、エストニアの首都タリン（2013 年 1 月〜市民限定の無料、人口約 43 万人）、ルクセンブルク（2020 年 3 月〜国の公共交通機関すべて、人口約 64 万人）が有名です。ルクセンブルグでは、自家用車通勤をやめた人が年間 1,000 ユーロ（16 万円）の節約になっているとの報告があります。

フランスでは、大きな都市圏に無料化が拡大しています。ダンケルク（2018 年〜、人口約 19 万人）、モンペリエ（2020 年〜、人口約 49 万人）など、35 の地域で様々な形で無料化が実施されています。

日本の自治体の例としては、高崎市の無料の「おとしよりぐるりんタクシー」があります。名称とは違って誰でも利用できます。概要は次のようです。

【概要】

○事前予約、利用登録は不要。

○運行は年中無休。午前 9 時から午後 4 時まで。

○運行はルート固定。13 のルートで、各ルートにつき 1 日 1 台で周回。約 50 分から 60 分間隔。

○車両は、乗客定員 5 人（車いす 1 台対応）。

○ルート上はどこでも乗り降り自由。ルート上で手を上げて止める。

○スマートフォンでタクシーの現在位置、最寄り地点を通過する時刻、何人乗れるのかなどを確認できる。

2023 年 8 月の利用者数をみると、運行開始の月よりも大幅増加したルートもあり、すべてのルートで利用者が増えています。ただし市域全体をカバーしていないこと、周回するタイプの運行形態なので、逆方向への移動が不便という不満の声があります。

無 料 の 利 点

無料は、自治体の負担増ばかりではありません。さまざまな財政効果があります。

無料にすることで、切符を販売する設備や従業員が不要になり、関連する事務作業もなくなります。その分の支出削減効果があります。運賃割引ではこれらの効果はありません。

このような経費節約が運賃収入減を相殺できる可能性もあります。とくに運賃収入が少なく、公的負担の比率が高い事業の場合は、無料にしても負担はあまり変化しません。たとえば石川県珠洲市では、2022年から8系統のバスを無償で運行していますが、それまでの民間路線バスの赤字補填やスクールバスへの年間支出7,000～8,000万円とほぼ同じ額で運行できています（「いしかわ自治体問題研究所」調査、2023年10月）。

さらに別の効果もあります。まず、有償運送にある国の規制がなくなって関連する事務作業も不要になります。自治体の自由度が増します。

無料にすると、利用者の増加も見込めます。また自動車利用の減少（大気汚染、二酸化炭素排出量の削減）、住民の購買力の増加（家計に占める交通費減）、外出の促進（健康増進による医療費削減）、観光客の増加など、環境面や経済面の効果があります。

一部の人が無料のケース

茨城県常陸太田市は、中学生が市内路線バスに無料で乗れる「中学生フリー定期券」を配布しています。子育て支援と路線バスの活用促進を目的とした全国初の取り組みとして注目されます。小学生は保護者と乗車することが多く、高校生は他の移動手段も使えるという理由で中学生限定となっています。2023年4月1日から1年間有効の定期券とされ、市は2023年度予算に約1,000万円を計上しました。

高齢者に限定した無料の制度は各地で見られます（福島市、徳島市、高槻市など）。

また運転免許返納者に限定して、終身無料の乗車券を提供している自治体もあります。たとえば栃木県では、鹿沼市（予約バス終身無料乗車券）、小山市（「おーバス」終身無料乗車券）、真岡市（デマンドタクシーとコミバスの共通無料乗車券)、益子町（デマンドタクシー無料券)、があります。真岡市のように自宅から各種の施設までオンデマンドタクシーが無料で利用できる場合は、マイカーを手放しても、市内全域で「ドアからドア」に近い移動が保障されることになります。しかも生涯無料のため、交通費に余裕が生まれ、タクシーを含む公共交通の活用にもつながり、高齢者の外出を促す大きな効果が期待できます。

高齢者の中の低所得者層に限って、無料乗車券を交付している自治体もあります。

京都市では、フリーパス方式の敬老乗車証を「生活保護を受けている方等」に負担金なしで交付しています。ただし、交付開始年齢が順次75歳まで引き上げられているところです。神戸市は2020年まで敬老無料乗車券を「市民税非課税世帯かつ本人の年収が120万円以下」で70歳以上の人に交付していました。利用限度額は年間3万円に設定され、交付者数は5万9,113人（2017年）の規模になっていましたが、2020年9月30日で廃止されました。

無料デー

限定的な試みとして、公共交通の利用促進を図るための無料デーという実験も行われています。いつも利用していない人がどれだけ利用したか（潜在的利用者)、どの区間の利用が伸びたかなどを検証しています（熊本市、岡山市)。

前橋市では、バス・鉄道の継続利用で、公共交通の利用促進を図るために、土日祝日限定で無料の試みを実施しています。対象は15〜22歳（約2万5,000人）に限定した上で、路線バス（6社39路線)、デマンドバスおよび上毛電鉄が乗り放題とされました。期間は2024年1月6日から3月末までの土日祝日で合計30日間、市の予算は270万円になっています。

企業スポンサーによる無料バス

運賃無料サービスのその他の例には、集客などの目的で企業やスポンサーが100%負担して無料でバスを運行しているような事例もあります（金沢市の「ラン Run バス」)。無料で人が動くことに経済効果があるからです。

公共交通の無料化は、教育や医療の無償化と同じくらい真剣に議論すべきテーマです。図書館は無料です。図書館や教育の収支率という議論は、耳にしたことがありません。利用者負担の比率は問題視されていないからではないでしょうか。

3. 割 引 運 賃

2023年5月からドイツで、国内の公共交通機関（長距離以外の鉄道・地下鉄・トラム・バス）乗り放題のチケットが導入されました。目的は、公共交通の利用を増やし車の温暖化ガス排出量を減らすこと、ガソリン価格高騰への対応です。月額49ユーロ（7,840円）と格安で評判になりました。連邦政府と州政府で各15億ユーロ（2,400億円）を負担しています。

オーストリアにも同様の目的を持つ「気候チケット」があります。国内すべての公共交通機関で使える年間チケットで、2021年10月に発売されました。価格は、1,095ユーロ（17万5,200円）で1カ月あたり91.25ユーロ（1万3,140円）となりドイツの価格のほぼ2倍です。

高齢者割引

日本では、こども運賃、学生割引、障がい者割引などが普及しています。ここでは、多くの自治体が実施している高齢者割引について検討します。

「敬老パス」の制度は、全国で5万人以上居住する市町の188（東京都を1とカウント）にあるとの調査があります。調査された自治体の3割強で実施されていました（2020年）。割引制度の目的としては、高齢者の外出促進などが挙げられています。

割引方法は多様で、対象年齢、利用可能な交通機関の種類、利用者負担金額などの違いがあります。表10は、指定都市・東京都の比較です。対象は65～75歳と異なるだけでなく、負担額が少なく、乗り放題に近いものから、制約の多い制度まであります。

課題であり、争点になっているのは自治体の経費増大です。その要因は様々ですが、割引対象の年齢を下げるほど、また利用者負担を無料に近づけるほど経費が増えます。

全国的には、高齢者の人口が増える中で、自治体の歳出を抑えようとする動向が目立ちます。京都市では、敬老乗車証の交付開始年齢が順次 75 歳まで引き上げられることが決まっています。神戸市は 2020 年に敬老無料乗車券を廃止しました（敬老乗車券は存続）。仙台市は、他の指定都市に比べて歳出総額に占める敬老乗車証経費の比率は低いにもかかわらず、今後は歳出額が増加するという理由で、敬老乗車証の利用者負担額を 2～2.5 倍に引き上げる計画です。

公共交通の運賃割引制度は、首長と議会の政治判断で決まります。対象年齢、利用可能な交通機関の種類、利用者負担金額、所得区分、割引率、利用額上限などの多様性はその現れです。

制度の変更・改革では、利用者負担を増やす以前に、経費の検討が求められます。また自治体の負担金額だけではなく、無料の利点で紹介したような多様な効果についての議論が必要です。

低所得者割引

フランスでは割引運賃は「社会連帯に基づく価格設定」という考えがあります。公共交通の資金調達において、一定以上の所得がある人が公正な貢献をすることで、低所得層の移動する権利の維持をするという趣旨です。

低所得者にとっては、公共交通が唯一の移動手段であることも少なくありません。日本でも自家用車の購入・利用が困難なこの層を優遇する割引運賃は大きな意義があります。高齢者割引の中で低所得を考慮する制度だけでなく、低所得という基準だけの割引制度も必要です。

第 3 項　非課税・減税

公的負担の方法には、税制に基づく非課税・減税・増税と予算措置による増額などがあります。

表10　指定都市・

	札幌市	仙台市	新潟市	東京都	横浜市	川崎市	名古屋市
年齢	70歳以上	70歳以上	65歳以上	70歳以上	70歳以上	70歳以上	65歳以上
利用者負担金	1,000円～1万7,000円負担で1～7万円分チャージ	50円または100円負担で1,000円分チャージ、利用上限額年12万円分	半額負担、上限月額正規運賃7,000円(負担3,500円)	1,000円または2万0,510円	3,200円～2万500円	1カ月有効フリーパス1,000円～年間1万2,000円	1,000円・3,000円・5,000円の3段階
所得による負担	×	○ 介護保険料段階	×	○ 住民税非課税または合計所得金135万円以下が1,000円	○ 介護保険料段階	×	○
乗り放題タイプ	× 金額上限まで	× 金額上限まで	半額(上限あり)	○	○	○ 小児料金(上限なし)	○ 年730回まで(市バスと地下鉄の乗り継ぎは1回とカウント)
専用ICカード	○ 郵便局でチャージ可能	○	○	× (毎年10月1日に更新)	○	交通系ICカード	○

※札幌市は自己負担をなくすことを検討中、さいたま市、相模原市は未実施、静岡市、千葉市、浜
各自治体の公式サイトより筆者作成

1. 事業者の負担を減らす措置

1.1. 固定資産税・都市計画税

2023年度の与党税制改正大綱に、路線バス事業者の固定資産税と都市計画税を軽減する特例措置が盛り込まれ、2023年4月1日から実施されています。

ただしこの措置は、電気バス（EVバス）の充電設備などを導入した場合に限り、その設備や土地を対象として、最初の5年度分は3分の1とするものです。充電設備などの新規投資が可能な事業者だけがその恩恵を受ける内容です。

業界団体の日本バス協会は2022年9月に、理事会で固定資産税の減免、運

東京都の高齢者割引

大阪市	堺市	京都市	神戸市	岡山市	福岡市	北九州市	熊本市
70歳以上	65歳以上	順次75歳まで引き上げ	70歳以上	65歳以上	70歳以上	75歳以上（市民以外も購入可能）	70歳以上
1回50円	1回100円	9,000円～4万5,000円	1,000円～2万円チャージ	半額	8,000～1万2,000円の乗車券	3カ月定期8,000円～年2万4,000円	正規運賃の2割
×	×	○ 合計所得金700万円以上は交付せず	×	×	介護保険料段階、8段階以上は交付せず	×	×
1回50円（回数制限なし）	1回100円（回数制限なし）	○	小児料金（上限額2万円）	半額（上限なし）	×	○	正規運賃の2割
○ 5年に1回更新	○	○	○	○	乗車券（毎年申請）	交通系ICカード	○

松市、広島市は廃止

賃値上げの認可などを求めて、「鉄道が大変でバスに転換という話があるが、公共交通を運営するバス事業者はもっと大変な状況」と訴えていました。特例措置はこれに不充分に呼応したものでした。

固定資産税を非課税とする特別措置は、すでに制度化されている事例があります。道路公団です。公団民営化（2005年）にあたり、将来無料化するという条件で固定資産税非課税とされました。2023年1月に、高速道路無料化の先送り（2065年から2115年へ）が、国土交通省から提起されています。すでに2050年から2065年に先送りされていたものをさらに先送りする案でした。無料化を断念せず、100年も先の目標を維持する理由のひとつが、固定資産税非課税だったのです。民営で有料道路なら固定資産税がかかるからです。

高速道路無料化の先送りと固定資産税非課税という措置は、道路交通の優遇策です。優先順位を見直し、地方の鉄道・バス会社の固定資産税の減免を期限付きでも導入すべきです。

1.2. 消費税の軽減税率（海外）

EUでは、公共交通に対して軽減税率を適用しています。

EU指令（2006/112/EC）では、軽減税率を適用する商品及びサービスとして、食料品、水道、薬品に加えて、旅客輸送を挙げています。2010年時点でEU加盟27カ国のうち21カ国が公共交通に対して軽減税率を適用していました。軽減税率は2017年時点では、21の品目になっています。

フランスでは、旅客交通事業の売上高に対する付加価値税は、標準の20%ではなく、軽減税率10%が適用されています（2023年1月現在）。コロナ禍を受けて上院は、2023年の予算審議において、付加価値税を10%から5.5%にさらに引き下げる（2023年1月1日から2年間）修正案を決議しました。都市交通を運営している自治体の全国組織は、これを運賃値上げせずに経営を改善できるものとして歓迎しました。しかし、法改正には至りませんでした。

軽減税率による国家財政の収入減という反対論もありますが、フランスでは日常交通を重視し、航空路線や高速道路に課税すれば良いとの反論があります。この議論は、航空機や自動車での移動を減らし、バス・鉄道での移動を増やすという気候変動対策として正当化されています。

以上のような交通事業者の負担軽減措置（支出のカット）は重要な選択肢です。ただし、それだけでは公共交通の構造的な収入不足を解決できません。やはり収入の増加が必要です。

第4項　交　通　税

予算措置によって従来型の補助金を増額する方法がありますが、ここでは税制の改正による公共交通支援の増額を検討します。

税制改正では、揮発油税・軽油引取税の税収の一部を公共交通に充てる方法も提案されていますが、ここでは交通税構想について紹介します。

税金を創設して公共交通に充てるという滋賀県の構想が、財源の議論に一石を投じています。

まず公共交通に限定した目的税の是非という問題があります。次に何に（＝誰に）課税するのかがポイントになります。

私は黒字事業者はごく少数であることから、公共交通を税で支える必要性は明らかだと考えます。しかし、「公共交通を税で支える」ことと「交通税」の創設とはイコールではありません。現在でも地域のバス・コミバスや鉄道は補助金という税で支えられているからです。交通税の新しさは、使い道を公共交通に絞った税を課税するということです。

1. 特定財源（目的税）

三日月滋賀県知事は、2009 年の民主党政権の国土交通副大臣として「交通基本法」の法案をめぐり財源を議論した際に、道路予算の一部を公共交通に回す案があったものの、特定財源をなくすという党の主張にそぐわなかったと振り返っています。

滋賀県が提起している交通税は、まさにこの特定財源です。

特定財源には原則的な反対論があります。たとえば使い道が限定されるため、余剰があれば無駄を生み出すという意見です。

しかし、特定財源は使い道が明確という利点もあります。公共交通への支出を増額する必要性から、特定財源による負担を提案することは可能であり重要です。

2. 課 税 対 象

同時に、誰が負担するのか（課税対象）も議論する必要があります。県民税に上乗せする構想などがあるようです。この場合、広く薄く県民に課税されるものになります。

フランスでは移動税は、雇用主への課税になっているので対照的です。フランスではこの税の導入当時は、企業の競争力よりも従業員の購買力が優先されたと評価されています。

今でも雇用主の立場からは、移動税が企業の収益を下げ、フランス企業の競争力を下げる税であるとの批判が聞かれます。

誰に課税するにしても負担増への批判は現れます。広く県民の負担する税として創設する場合、県民の理解が得られるのか注目です。

2023年12月に滋賀県は「滋賀地域交通ビジョン」の素案を公表し、その中で交通税が「新たな財源の確保」として言及されています。既存財源（国庫補助金、予算の組み替え）や既存ストックの活用、多様な主体との連携などによる財源調達とならべて触れられています。しかし、具体的な制度案は記載されていません。

この素案では事業ごとに詳しく試算した上で、今後の地域交通に必要な追加費用を参考値として提示しています。それによると「県民が理想として望む地域交通」とするには年間127億8,700万円が必要です。単純に県民140万5,803人（2023年12月1日現在）で割ると1人あたり9,096円の負担になります。「現状と同じ地域交通」を維持する施策でも年間25億3,300万円（1人あたり1,802円）の追加費用が必要であると書いています。

滋賀県の試算額は非常に興味深いものです。国の「地域公共交通確保維持改善事業」の補助金は206億9,200万円（2023年度）にすぎません。47都道府県すべてが「理想として望む地域交通」を実現する資金にはまったく届かず、「現状と同じ地域交通」の維持ですら困難な額です。

3. 予算データの公開

国に先行して自治体が独自の財源創設を提起することには大きな意義があります。

市民・県民の理解を得るためには、課税対象の比較検討に加えて、公共交通関係の予算データを納税者にわかりやすく公開することが求められます。交通に関連するすべての分野、地方鉄道や路線バスだけでなく、新幹線や空港関連の支出、道路や駐車場整備の支出などを総合的に公開する自治体の透明性が、増税の前提として必要です。

ローカル線沿線住民約 1 万人を対象に実施した興味深いアンケートを紹介します（野村総合研究所、2022 年 3 月）。回答者の 75% は最寄りのローカル線を「ほぼ利用しない」人ですが、86% の回答者は「将来的に自分自身や同居家族が高齢になった際に、自家用車を運転し続けることに不安がある」と答えています。筆者が行った金沢市の町内会レベルのアンケート調査でも同じような回答を確認しています。「今は車移動だが、将来のためにコミバスは必要」という意見が目立ちました。ここに公共交通への公的負担の増額や増税の理解を得る可能性を見いだすことができます。

あとがき

本書の主張を要約すれば、移動手段の多様化が必要だということになります。

その中には「移動しない」という選択肢も含むべきです。移動に使っている時間を生活の充実に生かせるように、移動しなくて良いサービスを整備することが必要です。そのような政策は、コロナ禍が教えてくれたように将来の危機への備えにもなります。

自治体は住民の日常生活のために、自家用車に替わる移動手段を保障しなければなりません。そのための新しい移動政策は、これまでの公共交通を超えたものです。大都市中心部から離れ、自家用車に依存する地域では、従来の公共交通ネットワークは不十分であり、非効率的でもあります。

通常の公共交通では、自家用車の利便性に及びません。オンデマンド交通、相乗り、電動自転車など、「ドアからドア」タイプに近い移動サービスの魅力が求められます。

どこに居住していようと、すべての住民の移動が確保される移動政策の実現は、自治体に期待される大きな課題です。

西村　茂（にしむら・しげる）
1953年生まれ。名古屋大学文学部卒。名古屋大学法学部助手、金沢大学法学部助教授、金沢大学法学部教授を経て、現在、金沢大学名誉教授。主要著書に『地域と自治体第35集　大都市における自治の課題と自治体間連携―第30次地方制度調査会答申を踏まえて』（編著、自治体研究社、2014年）、『平成合併を検証する―白山ろくの自治・産業・くらし』（編著、自治体研究社、2015年）『長寿社会の地域公共交通―移動をうながす実例と法制度』（自治体研究社、2020年）など。

移動から公共交通を問い直す
――コロナ禍が気づかせたこと――

2024年7月31日　初版第1刷発行

著　者　西村　茂

発行者　長平　弘

発行所　株式会社　自治体研究社
〒162-8512 東京都新宿区矢来町123　矢来ビル4F
電話　03-3235-5941　ファックス　03-3235-5933
https://www.jichiken.jp/　E-mail : info@jichiken.jp

印刷・製本　モリモト印刷株式会社　　DTP組版　赤塚　修

ISBN978-4-88037-772-8 C0036